SOUVENIRS MILITAIRES

D'UN

JEUNE ABBÉ

OUVRAGES DU MÊME AUTEUR

LE GÉNÉRAL KLÉBER. (Didier.)

LES FRANÇAIS EN PRUSSE. (Id.)

SOUVENIRS DE LA TERREUR. (Id.)

MARET, DUC DE BASSANO. (Charpentier.)

SOUVENIRS D'UN OFFICIER POLONAIS. (Id.)

DU WESER AU ZAMBÈZE. (Id.)

CAUCASE, PERSE ET TURQUIE D'ASIE, 2e ÉD. (Plon.)

CACHEMIRE ET PETIT THIBET. (Id.)

HISTOIRE DE TROIS OUVRIERS, 4e ÉD. (Hachette.)

DEUX INVENTEURS CÉLÈBRES, 5e ÉD.   (Id.)

DENIS PAPIN. (Id.)

LES INVENTEURS DU GAZ ET DE LA PHOTOGRAPHIE. (Id.)

PIERRE LATOUR DU MOULIN. (Id.)

1694. — Abbeville. — Typ. et stér, Gustave Retaux.

SOUVENIRS MILITAIRES

D'UN

JEUNE ABBÉ

SOLDAT DE LA RÉPUBLIQUE

(1793-1801)

PUBLIÉS

Par le Baron ERNOUF

PARIS

LIBRAIRIE ACADÉMIQUE

DIDIER ET Cᶦᵉ, LIBRAIRES-ÉDITEURS

35, QUAI DES AUGUSTINS, 35

1881

AVANT-PROPOS

L'auteur de ces Souvenirs appartenait à une famille honorable de la Picardie. Il avait déjà reçu les premiers ordres mineurs, et achevait de se préparer au sacerdoce par de fortes études, quand éclata la Révolution.

On sait que pendant cette crise, la meilleure sauvegarde d'une famille était la présence d'un de ses membres aux armées. Le jeune étudiant en théologie assura la sécurité de ses parents en s'engageant comme volontaire. Réfugié pendant la Terreur sous le drapeau français, où du moins il ne risquait de périr que de misère ou par les mains de l'étranger, il se consolait des maux de la France en combattant pour elle.

Il servit avec honneur jusqu'à la paix de Lunéville (1801). On le verra associé à plusieurs des plus rudes épreuves qu'aient eu à subir nos armées pendant cette période ; — aux pénibles commencements de la campagne de 1794 ; à celle si constamment malheureuse de 1799 ; au siège de Gênes (1800), pendant lequel il fut blessé et fait prisonnier pour la seconde fois. Il supporta toutes ces péripéties avec une résignation et une pieuse allégresse, où se révèle le soldat chrétien. C'est une figure originale et sympathique que celle de ce volontaire de la République française, qui ne craint pas plus de s'agenouiller dans une église profanée que de braver la mitraille ; et qui, portant toujours sur lui le *Nouveau Testament,* n'en combat que plus vaillamment sous le drapeau tricolore.

Devenu en dernier lieu secrétaire d'un des généraux de l'armée d'Italie, son ancien camarade de collège, il sacrifia la perspective d'un avancement certain, pour revenir à sa vocation première. Ce sacrifice dut pourtant lui coûter, car plusieurs passages de son livre dénotent des aptitudes et un goût marqués pour la carrière militaire. Il a raconté lui-même comment il eut le chagrin de perdre au siège de Gênes, les notes écrites par lui au jour le jour sur ses campagnes. Mais de retour en France, il avait pu suppléer à cette perte et recomposer son journal, à l'aide de ses souvenirs et de ses lettres à des parents et amis qui les avaient soigneusement conservées.

C'est ce journal, entièrement autographe, qui a été retrouvé parmi les livres de l'abbé Cognet, mort chanoine de la cathédrale de Soissons, après avoir exercé pendant plusieurs années les fonctions de vicaire général de ce diocèse. Nous devons la communication de ce manuscrit à son possesseur actuel, M. F. Masson, bibliothécaire au Ministère des affaires étrangères; un patient et ingénieux investigateur de documents historiques. La publication de celui-ci nous a paru opportune et utile à plus d'un point de vue. Nous avons seulement supprimé

quelques détails d'affaires de famille, quelques
répétitions, et ajouté un certain nombre d'éclair-
cissements historiques et topographiques.

Ce livre, écrit avec beaucoup de sincérité et de
candeur, forme en quelque sorte le pendant des
Souvenirs de la Terreur de l'abbé Dumesnil, que
nous avons publiés il y a peu d'années, et qui
valent apparemment quelque chose, puisqu'ils ont
eu l'honneur d'exciter les colères de la presse ra-
dicale. Ce manuscrit de l'abbé Cognet contient
des détails curieux et absolument nouveaux sur la
vie réelle des camps, pendant la première République. Mais il se dégage un enseignement plus
sérieux encore, de ces pages si patriotiques et si
chrétiennes en même temps. Elles prouvent qu'on
peut être à la fois bon Français et bon catholique,
quoiqu'en disent de nos jours certaines gens, —
qui ne sont ni l'un ni l'autre.

Baron ERNOUF.

SOUVENIRS MILITAIRES

D'UN JEUNE ABBÉ

SOLDAT DE LA RÉPUBLIQUE

(1793 — 1801)

PREMIÈRE PARTIE

FLANDRE (1793-1794).

Camp de Bohéries, (Aisne) 30 septembre 1793.
(9 vend. an II).

Nous n'avons pas eu beaucoup de chemin à faire pour arriver en face de l'ennemi! Grâce à la défection de Dumouriez et aux revers de notre armée du Nord, il occupe en force une assez notable partie de notre département, d'où il ne sera peut-être pas facile de le déloger... Dans tous les cas, je m'empresserai de vous tenir au courant de ce qui se passera d'intéressant sous mes yeux...

Nous avions le cœur bien gros en quittant nos parents, nos amis ; mais peu à peu la marche au bruit des tambours fit diversion à notre chagrin, enhardit les plus timides. Nous cheminions depuis une heure à peine, quand un incident burlesque nous fit oublier momentanément l'amertume de la séparation, l'incertitude menaçante de l'avenir.

Après avoir assez rapidement franchi quelques collines, nous passions le long d'une vigne, auprès de laquelle se tenait en faction un paysan armé d'une perche qu'il portait gravement sur l'épaule comme un fusil. Sa fière attitude mit en gaieté bon nombre de mes jeunes camarades; ils commencèrent aussitôt à décrocher, chemin faisant, quelques grappes. Il fallait voir alors le malencontreux gardien se porter, en criant, en jurant, sur les divers points attaqués, y faire de sérieuses démonstrations de défense, et provoquer ainsi un assaut général dans lequel il eût infailliblement succombé, sans l'intervention de nos chefs et des plus sages d'entre nous. Ce petit incident suffit pour nous tenir en joie pendant le reste de la marche.

En arrivant à X... nous commençâmes à prendre

une allure guerrière, et bientôt les auberges et les cafés furent combles. Il fallait bien se délasser un peu des fatigues de cette première journée,écarter ces tristes pensées qui reviennent si naturellement à l'esprit du jeune soldal, quand au sortir des bruyants ébats du bataillon, il tombe dans l'isolement d'un gîte étranger, où il ne retrouve rien des habitudes de la famille !...

Après deux autres journées de marche, nous arrivâmes à Guise tout décidés. Je ne veux pas dire tout aguerris; il faut réserver cette expression pour une autre époque qui, par le temps qui court, arrivera probablement assez vite.

Depuis hier matin, nous occupons, non loin de là, le camp de Bohéries avec un certain nombre de nouveaux bataillons et quelques vieilles troupes. Nous entendons de temps à autre des coups de fusil,mais de très loin. Jusqu'à nouvel ordre, l'ennemi a respecté notre inexpérience [1].

---

1. Dans cette lettre et les suivantes, contemporaines de la Terreur, l'auteur s'abstient soigneusement de parler des événements de l'intérieur. Un mot de blâme ou de regret, surpris dans une lettre interceptée, aurait pu avoir pour sa famille et pour lui-même des conséquences mortelles. C'était déjà beaucoup que de garder le silence !

II

Avesnes, 22 octobre 1793.
(1 brum. an II.)

Nous étions bien tranquilles dans notre camp de Bohéries, quand un incident aussi fâcheux qu'inattendu vint, au bout de quelques jours, y mettre tout en émoi. A la tombée de la nuit, quelques-uns de nos jeunes soldats ayant cru apercevoir une colonne ennemie, qui aurait pénétré jusqu'à nos lignes en se glissant à travers les avant-postes ! crièrent *aux armes !* Il en résulta, parmi les nouveaux bataillons, une panique qui heureusement fut bientôt dissipée, grâce à la bonne contenance des vieilles troupes.

Les auteurs de cette alerte avaient pris des têtes de saules élagués pour des Autrichiens surprenant notre camp !!...

J'étais honteux et indigné de cette échauffourée qui avait commencé dans notre bataillon, sans qu'il fût possible de l'empêcher. Il est vrai que le seul des chefs qui eût déjà servi était le commandant, dont tous les efforts furent inutiles. Les autres étaient, comme moi-même, des jeunes gens nommés à l'élection, sans expérience et sans autorité réelle. Quand le calme commença enfin à se rétablir, je me dirigeai avec un de mes intimes vers un bataillon d'anciens, déjà rentrés dans leurs tentes. J'y trouvai un homme de sens et plein de l'esprit du métier, qui me démontra combien cette panique était absurde; qu'il était impossible qu'un camp bien couvert comme était le nôtre, fut attaqué de jour sans engagement préalable.

Nous n'avons pas séjourné longtemps à Bohéries. L'armée anglaise venait d'être complétement battue à Hondschoote. Pour contre-balancer cet échec, les Autrichiens et leurs alliés passèrent la Sambre, refoulèrent nos troupes, investirent Maubeuge et son camp retranché. Ce mouvement avait coupé toute communication entre Avesnes et Landrecies. Avesnes pouvait être attaqué d'un jour à l'autre. On s'est hâté d'y envoyer plusieurs bataillons ; le mien est du nombre [1].

____

1. Avesnes sur Helpe (Nord), place fortifiée dès le XIIᵉ

Nous y arrivâmes le soir même (5 octobre). La place étant déjà encombrée, on nous fit rétrograder jusqu'à Etrœungt où nous restâmes deux jours. Cependant une forte avant-garde alla occuper le bois dit la Haye d'Avesnes, du côté le plus exposé, et nous fûmes rappelés en ville. Tout y était en émoi ; l'arrivée de l'ennemi semblait imminente, et la plupart des renforts espérés n'arrivaient pas. « Serons-nous attaqués ? et, si nous le sommes, serons-nous secourus à temps ? » Tel fut, pendant plusieurs jours, le sujet constant de nos préoccupations et de nos entretiens.

Elle parut enfin, l'armée libératrice. Le 12 octobre, un premier corps de 12 à 15,000 hommes arriva et campa sous le canon de la place. Dès le lendemain matin, cette avant-garde se portait au delà du bois déjà occupé par l'avant-garde, et se trouvait en présence des Autrichiens, campés et retranchés près de Wattignies, entre Avesnes et Maubeuge. Pendant ce temps, le gros de l'armée du Nord débouchait et prenait à son tour position sous Avesnes.

---

siècle, et célèbre par les nombreux sièges qu'elle a soutenus. Ses fortifications actuelles sont en partie l'œuvre de Vauban. (V. A. Joanne, *Nord*).

Le lendemain 14, l'avant-garde ayant enlevé les postes avancés de l'ennemi, l'armée entière s'ébranla et fit ses dispositions pour engager une affaire générale. Mon bataillon était resté en arrière pour le service de la place. Nous ne prîmes donc aucune part à la bataille du 15. La fusillade et la canonnade ne discontinuèrent pas de la journée ; aussi il nous arriva le soir une énorme quantité de blessés. L'ennemi avait perdu du terrain. Il manœuvra toute la nuit pour se mettre en mesure de le regagner, et obtint en effet quelques avantages dans la matinée du 16. Mais il dut céder enfin à l'énergie des attaques dirigées simultanément sur tous les points de sa ligne. Il battit précipitamment en retraite la nuit suivante, et nos troupes ont repris aussitôt la ligne de la Sambre.

Il paraît que nous resterons ici cet hiver...

Cet hiver fut plus meurtrier pour nous que n'eût été la bataille. Les premières fatigues de la guerre, et la mauvaise qualité des aliments, avaient déjà produit de larges vides dans nos rangs. Une cruelle épidémie de dyssenterie se déclara bientôt parmi nous ; j'en fus moi-même atteint, et obligé d'entrer à l'hôpital. Comme on était encombré de malades, j'obtins facilement la permission d'aller me faire soigner chez mes parents. Je n'y restai que le temps strictement nécessaire à mon rétablissement, et je ralliai mon bataillon dès les premiers jours de janvier 1794.

III

Prisches, 15 janvier 1794.
(26 nivôse an II.)

Je n'ai pas retrouvé mon bataillon à Avesnes. On l'avait, depuis peu, dirigé sur Prisches (Presches) près Landrecies. C'est là que j'ai rejoint mes camarades, dont l'organisation venait d'être complétement modifiée par suite d'une mesure qui s'étend à toute l'armée.

Deux considérations graves ont déterminé ce changement. D'une part, la dernière campagne avait notablement affaibli les cadres ; de l'autre, les bataillons de réquisition manquaient tout à la fois d'instruction et d'expérience. *On a donc fait sagement de les répartir entre les divers régiments ou bataillons ayant fait campagne* [1]. Ce qui a

---

[1]. Cette appréciation contemporaine est exactement con-forme à celle de M. Camille Rousset dans son beau livre

1.

rendu cette incorporation un peu dure, c'est la perte des grades conférés, par les compagnies elles-mêmes, lors du départ, aux jeunes gens de leur choix, grades que les titulaires espéraient bien conserver...

Notre bataillon ayant été incorporé au troisième de la Meurthe, nous nous trouvons, à Prisches, amalgamés avec des Lorrains, sans être pourtant séparés de nos camarades, car chacune de nos compagnies est entrée toute entière dans celle du susdit bataillon, portant le numéro correspondant. J'étais bien un peu vexé de perdre mon grade, mais il a bien fallu en prendre mon parti comme les autres.

Jusque-là, il faut bien l'avouer, nous avions connu la vie commune, mais pas du tout la vie militaire. Nous y voici maintenant tout à fait initiés. Exercices, revues, service, tout se fait avec l'ordre le plus sévère. Les anciens sont contents de nos progrès, et affirment que d'ici à très peu de temps, nous serons en état de les seconder.

Prisches, où nous sommes cantonnés avec un

---

des *Volontaires de 1792*, qui a si fort courroucé les fana-tiques de la légende révolutionnaire.

corps de cavalerie, est un grand village situé au-dessus et en arrière de Landrecies, à une lieue environ de la Haute-Sambre, dont l'ennemi tient la rive gauche par les villages d'Ars et de Catillon. Il n'y a eu jusqu'ici, de ce côté, que de petites escarmouches, bonnes seulement à tenir la troupe en haleine. Selon toute apparence, les affaires vont prendre, d'ici à peu, une tournure autrement sérieuse...

IV

Je ne suis resté qu'une vingtaine de jours à Prisches. Depuis, ma compagnie et deux autres ont été envoyées au poste d'où je vous écris, qui est à une lieue environ sur la gauche de Prisches, et plus rapproché de l'ennemi. Nous faisons là de rapides progrès, sous le double rapport de la tenue et des habitudes militaires. D'abord, nous avons deux exercices par jour; puis, nous faisons un service actif et extérieur, ce qui nous conduit souvent dans le voisinage de l'ennemi, et nous donne l'occasion d'entendre d'assez près le bruit des petits combats sur la Sambre. Aussi nous sommes constamment sur le qui-vive, et le service est rigoureusement surveillé...

V

Saint-Remy-en-Chaussée, 31 mars 1794.
(11 germ. an II.)

Depuis quelques jours, il s'opère un mouvement général de concentration sur les points les plus susceptibles de défense ou d'attaque; c'est la conséquence naturelle du retour de la belle saison. Ce mouvement s'est borné jusqu'ici, pour nous, à un changement de cantonnement. Nous avons quitté le Sart, le 22 de ce mois, pour nous rendre à Saint-Remy-en–Chaussée [1], après avoir rallié le reste du bataillon, que nous avions laissé à Prisches.

Nous sommes ici à une lieue et demie de la Sambre, entre Maubeuge, Avesnes et Landrecies.

---

1. Ce village est traversé, comme l'indique son surnom, par la voie romaine de Bavai à Reims.

Devant nous, sur la rive gauche et au pied de la forêt de Mormal, se trouve le bourg de Berlaimont, dont l'ennemi s'est fait un point d'appui. C'est une position très forte, dont nous ne saurions le déloger présentement, et d'où il pourrait venir insulter nos cantonnements et fourrager dans le plat pays.

Notre éloignement de Berlaimont rend la surveillance de ce point extrêmement pénible. Voici comment nous procédons. Les baraques et maisonnettes d'Aulnoye, qui est comme le faubourg de Berlaimont sur la rive droite, sont occupées par la moitié de notre bataillon qui relève tous les cinq jours l'autre moitié. De plus, tous les jours *à deux heures du matin*, le demi-bataillon qui n'est pas de garde se porte en avant de Saint-Remy, et n'y rentre qu'après avoir recueilli les rapports sur ce qui s'est passé dans la nuit à Aulnoye et aux alentours.

J'ai déjà fait une station à Aulnoye; c'est un poste des plus incommodes. D'un côté, ce bourg de Berlaimont, couronné de sa belle forêt, domine au loin les deux rives. De l'autre, ces pauvres chaumières d'Aulnoye, où sont entassés quelques centaines de soldats, n'osant presque se montrer à un ennemi de beaucoup supérieur en nombre, et toujours prêt à faire le coup de fusil, tant il est agacé de nous voir si près de lui.

Il faut pourtant bien avoir des postes. Le jour, on tient de part et d'autre les factionnaires à distance. Mais la nuit, en raison du peu de largeur de la rivière, les sentinelles autrichiennes et les nôtres sont, pour ainsi dire, les unes sur les autres. Aussi elles échangent fréquemment des coups de feu, et n'ont pas une minute de tranquillité.

Pour ma part, je n'oublierai de longtemps ma faction nocturne sur les bords de la Sambre. Comme il fallait arriver en faisant le moins de bruit possible, on me donna ma consigne en route. Puis le caporal m'indiqua approximativement l'endroit où devait être posté, ou plutôt enfoui le factionnaire que nous allions relever... Je trouvai mon homme accroupi dans un trou profond d'environ deux pieds : il me céda la place sans dire un mot. Après être resté quelque temps immobile, la curiosité l'emporte. Je me soulève, je regarde, et à la lueur d'un petit feu de bivouac ennemi, je reconnais que, sur l'autre rive, un trou semblable au mien renferme un Autrichien. Il s'établit alors une véritable pantomime entre lui et moi. Tout accroupis que nous étions, nos têtes dépassaient le niveau du sol. A diverses reprises, j'entendis dans l'eau, non loin de nous, un bruit qui me semblait incompréhensible. Par moments je me relevais pour tâcher de découvrir ce qui remuait ainsi. J'apercevais alors l'Autrichien, qui se repliait dans son trou. Au bout de quelques minutes, le bruit recommençait, mon voisin, intrigué, surgissait de sa cachette, et moi je refaisais le plongeon dans la mienne. Monter la garde dans de pareilles conditions, n'est rien moins qu'une partie de plaisir. Il est vrai que nous ne sommes pas ici pour nous amuser.

Je venais à peine de terminer ma faction et de rentrer au poste, quand le bruit de plusieurs coups de fusil nous fit sortir précipitamment de la baraque qui nous servait de corps de garde. On tiraillait pendant quelques minutes, et finalement nous vîmes sortir de la rivière deux soldats hollandais déserteurs. C'étaient les évolutions aquatiques de ces drôles, qui avaient tant tourmenté le pauvre factionnaire autrichien et moi.

Nos cinq jours de station à Aulnoye terminés, je ne fus pas fâché de revenir prendre à Saint-Remy un peu de repos; — si toutefois on peut

appeler repos les quelques heures que nous passons sur la paille, en attendant que le tambour
nous invite à nous réunir derechef, pour aller tous
ensemble respirer le bon air de la campagne,
deux ou trois heures avant le jour.

Mais il paraît que cela n'est que le commencement, et que bientôt j'aurai des choses plus
graves à vous raconter, si...

VI

Maroilles, 2 mai 1794.
(17 floréal an II.)

Landrecies n'est plus ! Nous avons été les témoins impuissants de ce désastre. Je vous écris en présence et, pour ainsi dire, à la lueur de l'incendie qui vient de faire de cette ville un monceau de ruines ; et, pour comble de malheur, ces ruines restent au pouvoir de l'étranger ! A l'effroyable bruit d'un bombardement de cinq jours, a succédé un silence de stupeur. N'ayant plus rien à faire ici, nous allons sans doute être reportés sur un autre point. Mais, malgré l'échec qui signale malheureusement notre entrée en campagne, rien n'est désespéré. Nous avons fait notre devoir, et ce cruel incident, loin de décourager les Français, a plutôt stimulé leur ardeur.

Voici ce qui s'est passé.

Les mouvements de l'ennemi sur la Sambre, commençaient à nous inquiéter sérieusement. Déjà, plusieurs fois, il avait franchi cette rivière, forcé nos lignes sur différents points,et intercepté les communications entre Guise et Landrecies.

Notre tour étant revenu de stationner à Aulnoye, nous n'y occupâmes plus les baraques où l'on était si mal à l'aise. Nous nous établîmes en plein air, sur les hauteurs parallèles à Berlaimont, hauteurs où l'on construisait alors quelques ouvrages de campagne. Bientôt il nous arriva du canon, et l'on commença à montrer les dents à MM. les Autrichiens. Nous fûmes cependant remplacés de nouveau à Aulnoye, mais une violente offensive de l'ennemi nous y ramena bientôt.

En effet , le 24 avril, les Autrichiens passèrent en force la Haute-Sambre, refoulèrent nos troupes dans toutes les directions, et investirent complétement Landrecies par les deux rives. On put craindre alors qu'un autre corps ennemi ne fît par Berlaimont une fausse attaque, ou même une attaque véritable, pour distraire une partie de nos forces,et nous empêcher de secourir la place assiégée. On nous reporta donc sur Aulnoye dans la nuit du 24 au 25, avec d'autres troupes, de manière que l'ennemi y trouvât à qui parler. Le 25 au matin, nous eûmes en effet sur ce point un engagement meurtrier et indécis.

Mais les événements se précipitaient; la ville menacée réclamait un prompt secours. Laissant donc à Aulnoye une force suffisante pour s'y maintenir, on dirigea le reste des troupes sur Landrecies. Vers minuit nous arrivions à Maroilles; tout semblait présager pour le lendemain une affaire générale.

Le feu commença en effet le 26, dès la pointe du jour. L'ennemi avait tout l'avantage des positions. Par la forêt de Mormal, il dominait et menaçait la basse ville. Par les hauteurs de la rive droite dont il s'était emparé la veille, hauteurs que j'appellerai le plateau de Landrecies, il pouvait à la fois répondre aux sorties de la garnison par la haute ville, aux attaques d'une colonne de secours venant de Guise, et à celles que nous tentions inutilement de Maroilles. Pour obtenir un résultat décisif, il nous eût fallu enlever ce plateau, dont tous les abords étaient garnis d'artillerie.

Pour soutenir cette malencóntreuse attaque, nous avions placé des canons le long du côteau qui domine la basse Maroëlle. Nous en avions

même hissé jusque dans les corridors du premier
étage de l'abbaye [1]. Tous nos efforts furent inutiles. Les sorties de la garnison, et les attaques des
troupes venant de Guise furent constamment repoussées ; et notre colonne, arrêtée par les obstacles qu'elle rencontrait à chaque pas sur la route
et aux alentours, éprouva des pertes qui la for-
cèrent de battre en retraite. Nous regagnâmes nos
bivouacs, péniblement affectés de ce sanglant échec.
Notre division avait perdu, en hommes tués et blessés, un quart de son effectif.

Pendant la dernière partie de cette journée, je
fus témoin d'un de ces faits vraiment prodigieux,
qui trop souvent passent inaperçus dans les péripéties des grandes guerres.

Pour couvrir la retraite de nos troupes, deux
pièces de canon avaient été placées dans le cimetière de Maroilles, sous la protection d'un fort
détachement dont je faisais partie. Je me trouvais
précisément dans la partie inférieure du cimetière,
en face d'une prairie étroite bordée de quelques
chétives habitations. Deux petits enfants jouaient

---

1. Les bâtiments de cette ancienne abbaye de Bénédic-
tins ont disparu depuis. Il n'en reste d'autre vestige que le
portail isolé de l'église abbatiale.

tranquillement dans l'herbe, insoucieux du danger. Un obus tombe, roule et s'arrête tout près
d'eux. Aussitôt une vieille femme, leur grand'
mère sans doute, survient épouvantée, crie, s'a-
gite, pousse vivement les enfants vers l'une des
chaumières et s'y précipite après eux. Comme
elle franchissait le seuil, l'obus éclate et semble la
couvrir de ses débris, sans lui faire aucun mal !...

Cependant l'ennemi s'apprêtait à réduire la
place au moyen d'un double bombardement, dirigé des côteaux de Mormal sur la ville basse, et
du plateau sur la ville haute. Le 27, notre bataillon descendit de Maroilles dans les prairies, et
borda la Sambre, en se rapprochant le plus possible de Landrecies. Pendant tout le temps que
dura ce mouvement, nous fûmes canonnés et mi-
traillés sans relâche par les batteries de la forêt.
Ce même jour, le bombardement commença. Nous
vîmes les flammes s'élever, se rejoindre de toutes
parts, et finalement se fondre en un seul et immense
incendie. Les cris des habitants, qui arrivaient distinctement jusqu'à nous augmentaient encore
l'horreur de ce spectacle. On parlait vaguement
de nouvelles tentatives contre les positions des
assiégeants. Elles n'eussent abouti qu'à une nou-

velle et inutile effusion de sang ; aussi l'on y renonça.Il fallut donc rester l'arme au bras jusqu'à la fin de ce bombardement , qui dura cinq mortels jours.

Un silence court, mais trop significatif, auquel succédèrent bientôtles insultantes vociférations de l'ennemi vainqueur et l'explosion de ses fanfares, nous apprit enfin hier dans l'après-midi, que Landrecies avait succombé !... Mais la campagne n'est pas finie! Nos soldats n'aspirent qu'à combattre, et quelque chose me dit que cette malheureuse ville sera bientôt vengée [1].

---

1. Elle fut reprise la même année par Schérer

VII

Solre-sur-Sambre, 13 mai 1794.
(24 floréal an II.)

La prise de Landrecies ouvre, il est vrai, nos provinces du Nord à l'étranger. Mais, appuyées sur les places qui nous restent, nos armées peuvent manœuvrer sur ses flancs et lui donner des inquiétudes sérieuses, en l'attaquant à la fois sur l'Escaut et la basse Sambre. On assure que tel est, en effet, le plan adopté, et que déjà le général Pichegru se trouve avec des forces considérables entre la Lys et l'Escaut.

C'est sans doute pour concourir à ce plan que nous recommençons à nous battre par ici avec acharnement ; c'est aussi dans le même but, sans doute, que l'organisation de nos principaux corps d'armée vient de subir un changement considérable. Ainsi, d'aile droite de l'armée du Nord, nous devenons l'aile gauche d'une nouvelle armée dite de Sambre et Meuse, dont la majeure partie se concentre, en ce moment, entre Givet et Philippeville, sous les ordres du général Jourdan [1]. Le général Charbonnier continue à commander les troupes qui manœuvrent sur la Sambre...

Nous avions quitté Maroilles le 3 mai, pour rentrer à Saint-Remy-en-Chaussée... Mais je ne veux pas omettre un incident caractéristique de la vie intime des camps qui se rapporte à cette marche, et qui m'a profondément ému...

Dans la nuit du 26 au 27 avril, au moment où nous commencions à peine à prendre quelque repos à la suite de la longue et désastreuse journée de Maroilles, nous avions été réveillés en sursaut par les cris de notre cantinière, prise, au bivouac même, des douleurs de l'enfantement. On l'avait transportée aussitôt dans une maison du village. Naturellement, nous ne pensions plus à cet épisode nocturne au milieu des graves préoccupations du moment. Six jours après, en partant de Maroilles, je reconnus, en avant du bataillon, la malheureuse accouchée, à demi vêtue et marchant nu-pieds.

---

1. V. l'appendice.

Elle s'était dépouillée d'une partie de ses vêtements pour envelopper son enfant, qu'elle portait
dans son tablier. C'était un navrant spectacle,
mais aussi un grand exemple de résignation et de
courage...

Nous repartîmes de Saint-Remy dans la nuit du
8 au 9, sans trop savoir où l'on nous conduisait,
marchant tantôt par d'étroits sentiers, tantôt à
travers champs. Nous arrivâmes enfin en vue de
Maubeuge, d'où l'on nous dirigea de suite sur
Consolre [1].

Ce fut là que nous eûmes le divertissant
spectacle de l'embarras et de l'adresse étonnante
d'un pauvre lièvre, qui s'était étourdiment intro-
duit, dans notre camp; il le parcourut longtemps
dans tous les sens, traqué sans relâche, à grands
cris, n'évitant un péril que pour tomber dans un
autre. Eh bien! malgré cette poursuite générale,
grâce à ses évolutions, à ses crochets multipliés,
ce lièvre parvint à s'échapper, au grand ébahisse-
ment des soldats. Il est vrai que, voulant le prendre
vivant, ils ne l'avaient assailli qu'à coups de
bonnets de police.

---

1. 14 kilomètres de Maubeuge.

Après avoir successivement campé à Consolre et à Montigny, nous reçûmes, le 12 au matin, l'ordre de nous porter en toute hâte sur notre droite, vers la Buissières où une affaire sérieuse était engagée. Nous commençions à faire la soupe quand cet ordre nous parvint ; il fallut renverser les marmites et emporter notre viande à moitié crue.

Le début de cette journée fut heureux. L'ennemi, forcé au pont de la Buissières, et pris en flanc par une colonne venant de Lobes, abandonna précipitamment sa position, et fut poursuivi avec vigueur par notre cavalerie. Toutes les troupes se portèrent aussitôt sur la rive gauche de la Sambre, et notre brigade s'avança jusqu'au bourg de Merbes (Hainaut).

Elle n'était pas engagée d'abord, mais on se battait vivement à quelques portées de fusil de nous, vers le village de Grand-Reing. Aussi nous reçûmes presqu'aussitôt l'ordre de nous porter au secours du centre, qui commençait à fléchir. Un violent orage n'interrompit pas un instant le combat. Mais cette journée si bien commencée devait finir moins heureusement. Bientôt le corps d'armée, assailli par des forces supérieures, commença à rétrograder; ce fut notre brigade qui eut à soutenir la retraite. Elle se fit en bon ordre, de notre côté du moins; mais, serrés de près par l'ennemi, nous avons été obligés de venir repasser la Sambre à la hauteur du village de Solre, à une lieue environ en amont de la Buissières. Telle a été l'issue malheureuse de cette première entreprise contre le flanc gauche de l'ennemi, et sur son territoire. Mais à bientôt la revanche !..

VIII

Camp sous Grand-Reing, 22 mai 1794.
(3 prairial an II.)

Nous voici donc de nouveau au delà de la Sambre, mais c'est à la suite d'un avantage que nous ne pouvons regarder comme bien décisif.

Vous savez que l'échec du 12 nous avait ramenés sur la rive droite. Par suite d'un mouvement rétrograde général, nous fûmes renvoyés dans une position que nous avions déjà occupée, aux environs de Consolre. C'est là qu'avant-hier 20 mai, l'ordre nous est enfin venu de reprendre l'offensive.

Il était encore de bonne heure, quand notre brigade se trouva réunie, avec douze pièces de canon au-dessus de Solre, dont l'ennemi avait rompu le pont. Des hauteurs que nous occupions, la vue s'étendait sur celles de l'autre rive ; et, à notre droite, sur la basse Sambre. Nous avions immédiatement devant nous, de l'autre côté du pont, ou plutôt de ses débris :

1° Une sentinelle, appartenant à un poste d'une quinzaine d'hommes, installé dans une chaumière à une cinquantaine de pas de la rivière ;

2° Environ 200 hommes, avec une pièce de campagne, postés sur la route de Mons ;

3° Une force d'à peu près 4000 hommes, postée sur les hauteurs, entre cette route et Merbes.

Tout ce monde se tenait fort tranquille, tandis qu'à notre droite une violente canonnade, qui dura jusqu'à la nuit, était engagée d'une rive à l'autre, vers Thuin et Lobes.

Un peu avant la chute du jour, on nous fit faire, bien en vue de l'ennemi, un mouvement rétrograde du côté de Beaumont. Cette retraite simulée se prolongea jusqu'à la nuit close ; puis une rapide contre-marche nous ramena vers la Sambre. Pendant ce retour, l'artillerie et les voitures cheminaient sur les côtés de la route, couverts de gazon épais qui amortissait le bruit des roues ; la troupe observait le plus rigoureux silence. Revenus ainsi dans les positions que nous venions de quitter, nous y passâmes la nuit sans feux, et, pour ainsi dire, sans mouvement.

Au jour, nous vîmes que ce stratagème avait pleinement réussi. L'ennemi avait pris notre retraite au sérieux, et croyait que nous avions été renforcer l'aile droite française. En conséquence, les 4000 hommes qui auraient pu nous disputer le passage à Solre, avaient évacué précipitamment leur position pour aller renforcer les troupes qui gardaient l'abbaye de Lobes, en face de Thuin dont les chefs autrichiens s'imaginaient que nous avions pris la route. Nous n'avions donc plus devant nous que le poste soutenu par les 200 hommes et la petite pièce de canon.

La canonnade recommença de grand matin le lendemain 21, sur la basse Sambre. Nous vîmes de loin l'ennemi, forcé à Lobes et vivement poursuivi par les nôtres, traverser la route de Mons, et s'en aller prendre position entre Grand-Reing et Marpont, sur la route de Jeumont.

Pendant ce temps, un équipage de pont nous arrivait, et l'arche coupée fut bientôt rétablie. La sentinelle autrichienne regardait travailler nos pontonniers. Elle ne tira qu'au moment où ils passèrent sur l'autre rive, pour consolider le pont, et se replia sur son poste, que nos tirailleurs eurent bientôt fait déguerpir, ainsi que les 200 hommes de soutien.

Nous passâmes enfin, pour aller prendre la gauche de l'armée. Mais il ne nous fut possible d'entrer en ligne que vers midi. Notre marche avait été retardée par des chemins si mauvais, que trois bataillons furent obligés de traverser, homme par homme, la chaumière et le jardinet d'un pauvre paysan qui était là, tapi dans un coin de son foyer avec sa femme et ses enfants, tous à demi morts de frayeur!

Les deux armées, rangées parallèlement en ligne, à une distance moyenne de 200 à 400 toises, présentaient un aspect imposant, mais sinistre. Décimés par la canonnade qui sillonnait nos rangs sans relâche, nous attendions avec impatience le signal d'un mouvement offensif sur le front ou sur les flancs de l'ennemi. Pour des raisons que j'ignore, nous fûmes condamnés à rester immobiles, l'arme au bras, pendant presque toute la journée. Je dis presque ; car il y eut, de part et d'autre, vers quatre ou cinq heures, plusieurs charges de cavalerie; et, par suite, divers changements de front parmi les corps d'infanterie menacés. Nous fûmes même obligés de former des carrés, dans un moment où la cavalerie autri-chienne, ayant débordé nos lignes, arrivait pour nous prendre à revers. Mais la mitraille et les feux de peleton arrêtèrent l'élan des *Manteaux Blancs,* et nos escadrons, revenant à la charge, les obligèrent enfin à se retirer. La nuit mit fin à cette lutte indécise et meurtrière.

Le résultat de cette journée a donc été le pas-sage de la Sambre sur divers points : l'occupation de la route de Mons, le refoulement de l'ennemi. Mais sa ligne a ployé sans se rompre; aucun résul-tat décisif n'a été obtenu. C'est à recommencer !...

IX.

Camp sous Solre-sur-Sambre, 25 mai 1794.

(6 prairial an II.)

Vous voyez, par le lieu d'où je vous écris aujourd'hui, que depuis ma dernière lettre il y a du nouveau, et malheureusement pas à notre avantage.

Nous étions donc établis en face de l'ennemi, au-dessous et à gauche de Grand-Reing. On était resté absolument immobile de part et d'autre, le 22 et le 23. Je ne comprenais rien à l'inaction des Autrichiens, qui avaient tant d'intérêt à nous rejeter au delà de la Sambre, et je ne m'expliquais la nôtre que par la nécessité d'attendre des renforts.

Mais hier 24, entre deux ou trois heures de l'après-midi, par un temps affreux qui durait depuis la veille, l'ennemi attaqua vigoureusement et rompit notre centre. Nous (l'aile gauche), nous avions couru aux armes ; mais nous trouvant en l'air par suite de la retraite plus que précipitée des troupes du centre, nous ne pûmes tenir longtemps. La plupart de nos tirailleurs furent sabrés, et notre ligne, criblée par la mitraille, allait être gravement compromise par des charges de cavalerie, quand on nous donna le signal de la retraite.

Ce mouvement rétrograde se fit en assez bon ordre, jusqu'au moment où nous vîmes notre cavalerie se porter rapidement sur les ponts pour y devancer l'ennemi. La retraite se changea alors en déroute, et notre brigade arriva au pont de Jeumont dans le désordre le plus complet.

Retardé par un malheureux camarade que je voulais sauver et qui avait peine à me suivre, bien qu'il eût jeté tout ce qu'il portait, et jusqu'à ses armes, je fus longtemps poursuivi par deux cavaliers que j'eus la chance de tenir en respect, rien qu'avec mes amorces ! Mon fusil, ou plutôt celui que j'avais saisi au faisceau lors de l'attaque, ne pouvait faire feu, tant il avait été abîmé par la pluie torrentielle qui nous inondait depuis près de vingt quatre heures. Il faut dire que la plaine était couverte de tirailleurs ; au milieu de la fumée et du bruit des détonations, mes deux ennemis ne s'a-percevaient pas de la nullité de mes moyens de dé-fense. Je profitai de leur erreur, et rejoignis mes camarades un peu avant le pont.

C'est là qu'a eu lieu le plus triste épisode de la défaite. Mourir en combattant, c'est accomplir sa tâche; mais le comble de l'infortune, c'est de suc-comber sans honneur, misérablement étouffé aux abords d'un pont, ou noyé en tâchant de s'échap-per à la nage. Tel a été le sort d'un trop grand nombre de mes camarades.

La poursuite de l'ennemi avait été si vive, que des soldats de toutes armes, fantassins, cavaliers, artilleurs, confondus dans la déroute, s'entassaient et se bousculaient sur ce malheureux pont, étroit et dépourvu de parapets. Je pénétrai un moment dans cette cohue ; on s'y étouffait ; je fus forcé de reculer. Quoique sachant à peine nager, j'eus un instant l'idée de me jeter à la rivière: j'y renon-çai en voyant que parmi ceux qui prenaient ce parti, bien peu réussissaient à gagner l'autre bord. Je descendis sur la berge, songeant à escalader une des piles du pont ; je manquai d'être écrasé par deux cavaliers avec leurs chevaux qui, poussés par la foule, tombèrent presque sur moi. Enfin, de guerre lasse, je retournai à l'entrée du pont, et parvins à le traverser sans accident.

. Dès que nous eûmes atteint l'autre rive, on garnit de tirailleurs toutes les berges pour arrêter la poursuite, et les bataillons gagnèrent le large pour se réorganiser. Pendant ce temps, l'ennemi brûlait avec ses obus les maisons qui servaient d'abri à nos tirailleurs. On parvint à installer à bonne portée quelques pièces d'artillerie qui l'obligèrent enfin à s'éloigner. Mais hélas ! que de monde manquait à l'appel ! Tous les corps de la brigade avaient plus ou moins souffert. Notre bataillon avait perdu près d'un quart ; ma compagnie, en particulier, un tiers de son effectif, tués, blessés ou prisonniers, et l'action n'avait pas duré une heure !

Pendant ce temps, les débris du centre s'étaient retirés vers Solre-sur-Sambre, et notre droite, moins maltraitée, avait pu effectuer sa retraite dans la direction de Lobes et de Thuin.

. Dès que nous fûmes ralliés, nous nous reportâmes vers Jeumont. Il était à peine cinq heures du matin. L'ennemi ne paraissant pas avoir envie de tenter le passage, on laissa, sur les hauteurs qui commandent le pont, quelques bataillons avec de l'artillerie. Le reste de la brigade vint prendre position entre Jeumont et Solre, en face du château d'Erquelines. Ce poste était alors occupé par un petit corps de Hollandais que j'eus occasion de voir de très près, pendant une faction que je fis ce jour-là même sur le bord de la Sambre. Ces gens, qui n'avaient peut-être pas tiré un coup de fusil la veille, prenaient des airs vainqueurs qui nous agaçaient singulièrement.

Aujourd'hui tout paraît assez calme sur les deux rives. Nous n'en sommes pas moins prêts à tout événement [1].

---

1. Ce qu'il y a de plus frappant dans le tableau de ce désastre, c'est la promptitude avec laquelle ces soldats si maltraités se rallient et se trouvent prêts à renouveler la lutte. L'amalgame des anciens et des nouveaux soldats commençait à porter ses fruits.

X

Camp de la Buissières, 4 juin 1794.

(16 prairial an II.)

Depuis une dizaine de jours que nous sommes ici, il n'y a eu de ce côté que de légères escarmouches. On dirait que les deux armées éprouvent le besoin d'un peu de repos, après tant de manœuvres et de combats meurtriers, livrés coup sur coup. Mais je crois qu'il faut surtout attribuer cette immobilité momentanée aux immenses préparatifs qui se font sur notre frontière, et aux inquiétudes sérieuses de l'ennemi qui, malgré quelques succès partiels, pourrait bien se trouver prochainement fort embarrassé. Il est certain que des forces considérables se massent sur notre droite et menacent Charleroi occupé par les Autrichiens. Si le général Jourdan parvenait à se rendre maître de cette place, les

affaires prendraient bien vite une autre tournure [1].

En attendant, on vient de terminer ici, et sans
doute dans toute l'armée, cette opération dont je
vous ai déjà parlé, et qui me paraît devoir contribuer puissamment au succès de nos armes. On a
donné à notre infanterie l'organisation qui lui
manquait. Elle se composait, jusqu'ici, de troupes
de ligne disséminées çà et là, et de nombreux bataillons de volontaires. On avait successivement
accumulé dans les divers corps, et les contingents,
et la réquisition et tout ce qu'on avait pu ramasser
d'hommes. Mais il n'y avait d'homogénéité, ni dans
le commandement des subdivisions de troupes, ni
dans leur force relative. On se contentait de réunir, suivant les circonstances et les besoins, régiments et bataillons isolés, pour improviser des
brigades et des divisions, dont les parties n'of-
fraient ni ensemble, ni cohésion. On vient de tout
régulariser par une refonte de ces éléments divers.
On a dissous, ou plutôt disloqué les anciens régiments, pour les faire concourir à cette réorgani-
sation générale.

---

1. V. appendice B.

Ainsi, deux bataillons de volontaires ont été réunis à chaque bataillon de ligne, avec amalgame de compagnies, pour former un seul et même corps qu'on appelle demi-brigade. De cette façon, le chef ou colonel de la demi-brigade a sous ses ordres immédiats les autres officiers supérieurs qui, dans la précédente organisation, [1] étaient à peu près indépendants de tous autres chefs que des officiers généraux, ce qui était un principe permanent d'anarchie.

Les nouveaux corps sont donc organisés et classés de la manière suivante.

La première demi-brigade se compose du premier bataillon de l'ancien régiment n° 1, et des deux bataillons de volontaires qu'on lui a accolés; la deuxième, du second bataillon de ce même régiment et de deux autres bataillons de volontaires; la troisième, du premier bataillon du régiment n° 2, et ainsi de suite. Ainsi, notre bataillon a été réuni avec un autre au premier de l'ancien dix-huitième régiment, et nous nous trouvons faire partie de la *trente-cinquième* demi-brigade de ligne ou de bataille.

---

1. L'organisation révolutionnaire.

L'infanterie légère a dû recevoir une organisation analogue. On peut, sans être militaire, comprendre toute l'utilité et la portée de cette mesure générale.

Maintenant, parlons un peu de notre position actuelle. Elle n'a rien d'agréable, tant s'en faut. Aulnoye était un paradis terrestre, en comparaison de la Buissières.

D'abord, nous respirons ici un air pestilentiel. L'affaire du 12 mai, engagée précisément dans cet endroit, avait été très-meurtrière. Les jardins de la rive droite de la Sambre sont encombrés de cadavres à peine enterrés. Ajoutez qu'il pleut presque tous les jours en abondance, et que nous pataugeons constamment dans la boue. Les vivres que nous recevons sont presque toujours de la plus mauvaise qualité, et nous n'avons nul moyen d'y suppléer, le pays étant complétement dévasté. Les premiers jours, l'eau même nous faisait défaut, parce que l'ennemi était maître de la rivière et tirait sur tous ceux qui en approchaient ; mais, en ripostant avec usure, nous l'avons à son tour contraint de s'en éloigner.

Notre service est on ne peut plus pénible, voire même périlleux. De la rive droite que nous occupons, on n'entre à la Buissières, qui est sur la rive gauche, que par le pont-levis d'une écluse dont la herse, il est vrai, se trouve de notre côté. Mais, comme le pont a été enlevé, nous ne pouvons pénétrer chaque fois dans le village, qu'en passant à travers la herse une planche qu'on tâche de mettre en équilibre sur les piles. Après quoi on se hasarde sur cette passerelle improvisée, au risque de faire la bascule dans l'eau, ou de recevoir un coup de fusil.

Voici du reste comment se maintient, de part et d'autre, l'occupation de ce village. Nous ne pourrions pas le garder la nuit, parce que l'ennemi nous jetterait dans la rivière. En revanche, lui ne peut pas s'y tenir le jour, parce que nous sommes en force de l'autre côté, et à portée de pistolet. Nous l'occupons donc le jour, et l'ennemi la nuit. Ainsi, vers neuf heures du soir, quand nous nous sommes repliés sur l'autre rive, les Autrichiens descendent de la redoute qu'ils ont construite au-dessus du village, et viennent se poster au bord de l'eau, en face de la herse. A leur tour, ils se retirent quand le jour approche. Nous repassons alors, au moyen de notre planche. Nos patrouilles explorent soigneusement le village et ses abords, et placent en face de la redoute autrichienne des sentinelles qu'on relève de deux en deux heures, et qui ont pour consigne d'aller et venir sans relâche, pour ne pas servir de point de mire aux tirailleurs ennemis. J'ai déjà fait plusieurs fois cette agréable faction...

(Cette correspondance subit ici une brusque et longue interruption, dont les causes sont expliquées dans la lettre suivante.)

XI

X... 15 avril 1795.

Depuis quelque temps ma santé était de nouveau gravement affectée. Mais j'étais si convaincu que la forte organisation donnée à notre infanterie finirait par assurer le succès de nos armes, si désireux de prendre part à cette revanche, que je ne voulais pas entendre parler d'hôpital. J'espérais toujours reprendre le dessus ; je pensais aussi qu'une victoire décisive amènerait la conclusion de la paix ; et qu'alors, n'ayant pas quitté les drapeaux, j'aurais un droit plus assuré aux premiers congés ou permissions qui pourraient être accordés.

Déjà, en effet, nous avions repris l'offensive et pénétré dans les Pays-Bas autrichiens, lorsque, vaincu par le mal, je fus obligé d'accepter un

3.

billet d'hôpital[1]. Je fus envoyé d'abord à Maubeuge;
mais on y manquait de place pour moi, comme
pour bien d'autres. Je fus donc compris dans un
nombreux convoi de blessés et de malades qu'on
dirigeait sur Avesnes. Nous y passâmes une nuit
des plus tristes dans l'église paroissiale, et repartîmes le lendemain pour Etréaupont, où l'on avait
organisé une sorte d'hôpital ou de gîte de passage
pour les malades, A l'arrivée, j'étais tellement
exténué, anéanti, que n'ayant pas eu la force de
descendre de charrette ni même de donner signe
de vie, je restai enfoui dans la paille, inaperçu,
oublié. Après un temps assez long, le sentiment
de la conservation me rendit quelque force ; je
commençai à gémir, puis à crier au secours. On
m'entendit heureusement, car dans l'état où
j'étais, je n'aurais peut-être pas survécu à une
nuit passée en plein air.

Il fallut repartir dès le lendemain matin. On
nous conduisit à Marle, où nous fûmes, comme à
Avesnes, installés dans l'église [2]. Nous y souffrî-

---

1. La lettre précédente est du 4 juin 1794. L'auteur a donc
dû quitter l'armée dans le courant de ce mois, peu de jours
avant la bataille de Fleurus, qui eut lieu le 26.

2. C'était alors l'un des usages auxquels étaient affectés les
édifices religieux, et ce n'était pas assurément le plus profane.

mes horriblement du bruit de la musique et des tambours, et surtout des cris populaires.

De Marle, nous vînmes prendre gîte à l'Hôtel-Dieu de X... Mon état ne faisait qu'empirer, et l'encombrement était tel, qu'on assurait que notre convoi allait être évacué sur Versailles ou même sur Orléans. Je serais certainement mort pendant ce trajet. Heureusement mes parents, instruits de ma triste situation, obtinrent, comme l'année précédente, la faveur de me prendre chez eux [1]...

---

1. Sa maladie était une fièvre putride maligne (typhoïde); elle fut suivie d'une rechute qui le mit à deux doigts de la mort. On lui obtint alors un congé pour cause d'infirmité temporaire, conçu dans les termes les plus honorables. Ce congé fut prolongé d'année en année jusqu'en 1798. A l'époque où cette correspondance, interrompue pendant trois ans, reprit son cours, l'auteur était précepteur dans une famille du département de l'Aisne.

DEUXIÈME PARTIE

ITALIE. — CAMPAGNE DE 1799.

XII

B..... sur Marne [1], 25 septembre 1798.
(4 vendémiaire an VII).

.... Le 5 août dernier, l'agent de la commune, accompagné de quelques gardes nationaux, vint me demander si je n'étais pas tenu du service militaire. Je lui répondis par l'exhibition de mon congé, et cet homme se retira en me faisant d'humbles excuses. Mais évidemment il n'était pas venu de lui-même, et je prévis tout de suite que je n'en serais pas quitte à si bon marché.

1. Probablement Brasles près Château-Thierry.

Bientôt, en effet, je reçus l'ordre de me rendre à Laon pour y justifier de mes titres à l'exemption. Là, on me dit que mon congé n'était pas suffisamment motivé, qu'il fallait rejoindre mon corps, ou m'en aller à Saint-Denis, soumettre mes moyens de défense. Reçu à Saint-Denis on ne peut plus mal, j'en appelai au conseil médical de Paris. Là, on me demanda, fort gracieusement d'ailleurs, mes papiers pour les soumettre à la délibération du conseil, dont on m'envoya attendre la décision dans un bureau voisin. Après deux heures de faction dans ce bureau, un employé vint m'apporter, pour toute réponse, un bon à prendre une feuille de route au commissariat de la guerre...

Il fallait bien se résigner. J'insistai pour rentrer dans mon ancienne demi-brigade, ci-devant 35e, présentement 106e, où j'étais sûr de retrouver des chefs bienveillants et des amis, ayant rempli en toute occasion mon devoir. Elle se trouvait pour lors à Berne, faisant partie de l'armée qui occupait la Suisse sous les ordres du général Schauenbourg [1]. J'obtins, non sans peine, de pas-

---

1. On trouvera de grands détails sur cette campagne et sur la révolution helvétique dans notre volume d'*Études* pour l'année 1798, rédigé sur les notes manuscrites de M. Bignon.

ser en rejoignant par le département de l'Aisne, pour faire mes adieux à ma famille, à mes chers élèves, et prendre les objets nécessaires à mon voyage.

Je forçai mon itinéraire, pour avoir au moins ici un jour plein... Demain, le sac au dos, je pars pour Dormans. Mon père, qui est venu avec moi jusqu'ici, ne me quittera qu'après-demain matin, après m'avoir mis sur la route d'Epernay.

Le futur historien de Napoléon venait alors d'aborder la carrière diplomatique qu'il devait parcourir avec tant d'honneur. Il était, en 1798, secrétaire de la légation française à Berne.

XIII

...... Je venais à peine de quitter mon pauvre père, qui m'avait fait la conduite un peu au delà de Dormans, quand je rejoignis des soldats qui allaient dans le même sens que moi, mais dont la mine et la tenue m'inspirèrent tout de suite le désir de n'avoir rien de commun avec eux. Je ne pus éviter cependant d'être accosté par quelques-uns de ces citoyens. Ils me racontèrent, en riant aux éclats, qu'un peu auparavant six ou sept des leurs avaient voulu arrêter une voiture publique pour s'y installer de force, et que le conducteur avait dû mettre le pistolet à la main pour leur faire lâcher prise.

La plaisanterie me parut des plus mauvaises. Je doublai le pas, pour me débarrasser de ces dangereux compagnons, et j'arrivai vers deux heures à Epernay. J'étais loin de soupçonner la réception qui m'y attendait.

Je ne fus pas plutôt entré à l'Hôtel-de-Ville, qu'on me conduisit devant le maire, qui me fit subir un interrogatoire en règle. — D'où venez-vous ?... N'êtes-vous pas un de ces militaires qui se sont permis d'arrêter une voiture publique ?... Voyons vos mains. — Ah ! vous avez vos deux pouces. Ainsi, du moins, vous n'êtes pas celui qui a saisi la bride du premier cheval.... »

J'avais peine à garder mon sang-froid..... J'aurais cependant dû prévoir que le conducteur porterait plainte en arrivant, et la conduite du maire était après tout assez naturelle. Je ne me déconcertai pas, et finis par le convaincre que je n'étais pas un brigand. Il me plaignit beaucoup alors de m'être rencontré avec de pareilles gens, et causa longtemps avec moi. Mais, craignant pour sa responsabilité, il s'obstina à me garder en état d'arrestation, jusqu'à ce que les coupables fussent pris.

En attendant, j'étais trempé, car j'avais reçu de la pluie pendant toute la route, et je mourais de faim... Je finis par lui proposer de me loger dans

une maison en face de l'Hôtel-de-Ville, en lui donnant ma parole de n'en pas sortir de la journée.
Il y consentit, après avoir hésité longtemps, et
j'eus le bonheur de rencontrer la plus cordiale
hospitalité.

Les coupables ayant été arrêtés dans la soirée,
je redevins libre, et partis le lendemain de très-
bonne heure, pour éviter de me retrouver en pareille compagnie...

XIV

Langres, 4 octobre 1798.
(13 vend. an VII.)

Pour peu que cela continue, mon cher ami, j'aurai besoin de toute votre confiance pour être cru sur parole, mon aventure d'Epernay n'était rien auprès de celle que j'ai à vous raconter aujourd'hui. Celle-là du moins sera-t-elle la dernière ? Dieu seul le sait, mais jusqu'ici je ne chemine pas sur des roses.

J'avais fait mes deux journées de Vitry et de Saint-Dizier sans mauvaise rencontre. Dans la seconde de ces deux villes, je trouvai un détachement de la 21ᵉ demi-brigade qui venait d'y séjourner. J'avais dîné à Saint-Dizier dans une auberge où se trouvaient plusieurs hommes de ce détachement. Je ne fis alors aucune attention à cette circonstance, mais le langage et la figure de

plusieurs de ces militaires ne me revenaient nullement, et je ne me souciais pas de me lier avec
eux. Je partis donc le lendemain avant l'aube,
pour me trouver logé à Joinville avant leur arrivée. Je fis la même chose, le jour suivant, pour
la route et le logement de Vignory. Je n'avais
donc aucun rapport avec ces Messieurs de la 21ᵉ.

Je quittai Vignory, hier de très-bonne heure,
pour le même motif qui depuis Saint-Dizier me
faisait devancer l'aurore. J'étais à peine à un
quart de lieue de la ville, quand j'entendis crier
derrière moi : *Arrête! arrête!* Je me retourne
fort surpris, et j'aperçois deux gendarmes à pied,
s'essoufflant à courir après moi. Je leur criai à
mon tour de ne pas tant se presser, et les attendis
de pied ferme. Ces pauvres gendarmes avaient été
me chercher à mon logement, et, comme mon
hôte leur avait dit que je ne pouvais pas encore
être bien loin, ils avaient cru inutile d'aller prendre
leurs chevaux, et s'étaient lancés à ma poursuite
avec leurs grosses bottes.

N'imaginant pas qu'ils pussent avoir à réclamer
autre chose de moi que l'exhibition de ma feuille
de route, je l'avais préparée en les attendant. —
Bah! me dit l'un d'eux en arrivant, c'est bien de

feuille de route qu'il s'agit! suivez-nous! — Mais de quoi donc s'agit-il? — Vous le savez aussi bien que nous. Allons! marchez! — Stupéfait et consterné, j'obéis, cherchant en vain pourquoi on mettait la gendarmerie à mes trousses.

Mes conducteurs, ne me trouvant sans doute pas la figure d'un scélérat, s'humanisèrent enfin. Ils m'apprirent qu'un militaire de la 21ᵉ, ou supposé tel, avait émis une assez grande quantité de fausse monnaie pendant son séjour à Saint-Dizier [1]. Le fait étant bien constaté, on avait transmis à Vignory, cette nuit même, le signalement de ce militaire, et l'ordre d'arrestation. On s'était adressé au capitaine commandant le détachement, mais celui-ci avait cru reconnaître que le signalement qu'on lui présentait pouvait très-bien s'appliquer aussi à un militaire isolé qui avait été vu à Saint-Dizier, et suivait la même route que le détachement. Il avait donc exigé, en livrant son homme, pour être écroué, que le militaire isolé, moi-même, fût arrêté aussi!..... Bientôt en effet, nous croisâmes le détachement qui partait pour Chaumont. J'en fus injurié pendant tout le défilé;

---

1. V. appendice (C).

le capitaine lui-même eut la lâcheté de faire chorus avec ses hommes. Et je rentrai à Vignory comme un criminel, entre mes deux gendarmes !

Conduit à la prison au milieu des huées, je comparus aussitôt devant une espèce de conseil, où se trouvaient entre autres, un officier de gendarmerie et le brigadier du lieu.

— Votre feuille de route, me dit l'officier... Votre portefeuille !... Votre bourse.... Étalez votre sac !.... Gendarmes, fouillez cet homme !...» Puis, après les plus minutieuses recherches, je l'entendis dire aux autres, à demi-voix : « Cet homme est de tout point en règle ; et d'ailleurs le signalement ne lui va pas du tout. Il faut monter à cheval, et conduire de suite à Saint-Dizier le soldat de la 21e... » Puis, s'adressant à moi : « Reprenez vos effets, et continuez votre route. — Et c'est là toute la réparation !.. — Que voulez-vous ? le capitaine s'est trompé; c'est très-fâcheux. Nous ne pouvons que proclamer votre innocence. »

Je les saluai assez lestement; et, me remettant en route, je doublai le pas, pour rattraper le maudit détachement, et lui apprendre, au moins par ma présence, l'issue de l'affaire. Je le rejoignis en effet dans un village où il avait fait halte. Je m'informai du lieu où déjeunaient les officiers. Je me donnai le plaisir d'y entrer et de me faire servir en face de ces Messieurs, qui bientôt s'éclipsèrent, après avoir échangé avec moi quelques paroles embarrassées...

Je viens d'apprendre, en arrivant à Langres, que ce détachement se dirige sur Lyon. M'en voilà donc quitte, Dieu merci! Mais je n'oublierai de longtemps la matinée du 3 octobre, et les avanies de Vignory!

XV

Berne, 14 octobre 1798.
(23 vendémiaire an VII.)

...... Je croyais trouver ici ma demi-brigade.
Mais déjà le premier et le second bataillon avaient
quitté cette ville pour se rendre à Lucerne, et le
troisième attendait l'ordre de les suivre. Appartenant dès l'origine au premier bataillon, je me serais
trouvé fort embarrassé à Berne, si je n'y avais
rencontré mon ancien lieutenant, passé capitaine
au troisième. Il fut bien surpris de mon apparition,
me croyant fort tranquille en France. Je lui racontai toute mon affaire, et il me fit viser ma feuille
pour Lucerne, mais il a voulu me retenir un jour
à Berne. J'en ai profité pour voir un peu cette ville
et ses environs.

Demain 15, je partirai pour Lucerne. Mais
d'après ce que j'apprends ici, qu'on se dispose à

occuper le Saint-Gothard et les autres passages des
Alpes, il est possible que je ne trouve plus personne à Lucerne, et que je sois forcé d'aller plus
loin...

XVI

Dongio, 28 octobre 1798.
(7 brumaire an VII.)

Le départ du général Bonaparte pour l'Égypte, et l'occupation de la Suisse par les troupes françaises, rendaient de plus en plus probable une rupture avec l'Autriche. On a donc jugé à propos, pour se mettre en mesure, de pousser promptement cette occupation jusqu'au delà des Alpes, dans le double but d'observer de plus près les gorges du Tyrol, et de renforcer nos positions dans la haute Italie. Tel a été sans doute le motif des mouvements de troupes précipités qui m'ont si longtemps empêché de rejoindre ma demi-brigade.

Parti de Berne le 15, j'arrivai le 18 à Lucerne. Ne sachant pas un mot d'allemand, je m'étais trouvé plus d'une fois incertain de la direction à suivre dans ces chemins peu fréquentés. Je fus, du reste, parfaitement reçu partout.

J'appris, à Lucerne, que nos bataillons en étaient récemment partis pour le Saint-Gothard. Il fallait donc continuer ma poursuite. N'ayant pu trouver de barque pour traverser le lac des Quatre Cantons, je dus me résigner à le tourner à pied. Pendant quelques heures passées à Lucerne, je visitai avec le plus grand intérêt le pont couvert par lequel une partie de la ville communique avec l'autre, et qui est orné de tableaux représentant des scènes de la vie des Saints patrons de Lucerne, et de la guerre de l'indépendance helvétique ; l'église, dont les tours sont fort belles ; et ce célèbre plan en relief de la Suisse du général Pfyffer, représentant une grande partie de ce pays à l'échelle d'un dix-millième, dans un cadre de 22 pieds de long sur 10 à 12 de large. Je n'ai pas regretté ma soirée de Lucerne.

Je me mis en route pour Schwitz, le 19, en côtoyant le lac. Un brouillard épais me fit faire tout d'abord fausse route, et fut cause que je me trouvai le soir à Zug au lieu de Schwitz, ayant marché toute la journée en sens inverse de mon but. Un peu vexé de ma bévue, je repartis le 20 en longeant la rive est du lac de Zug, que j'avais confondu la veille avec l'autre. Cette fois, ce fut bien à Schwitz que j'arrivai le soir, et le 21 au matin j'allai prendre passage à Brunnen pour Altorf. La traversée entre ces deux points, par la partie sud du lac des Quatre Cantons, est de trois lieues environ.

Les bords de ce lac offrent un aspect bien étrange ! Tantôt large, tantôt resserré, toujours tortueux, il ne laisse voir, entre ses eaux et le ciel, que d'affreux rochers, entrecoupés de gorges, au fond et au-dessus desquelles on aperçoit quelques pauvres villages. Les pentes plus ou moins rapides de ces montagnes et de ces vallons, couvertes de châlets et de troupeaux, s'inclinent toutes vers le lac, mais en sont séparées, au moins à certaines places, par d'effroyables escarpements. Cette région sauvage m'inspirait une sorte de terreur; j'avais hâte d'arriver à Altorf.

Cette petite ville est fort jolie. J'y fus témoin d'une procession solennelle, et profondément édifié de la beauté des chants religieux, et de l'attitude recueillie de la population.

Je repartis le 22 de grand matin, et me dirigeai vers le Saint-Gothard par la vallée de la Reuss.

Jamais je n'avais vu pareille solitude, pays d'un aspect si sombre et si terrible, que celui dans lequel je cheminai pendant sept ou huit heures. C'est une gorge étroite, sinueuse, d'une pente rapide. On y rencontre, de temps à autre, tantôt de pauvres villages qui semblent des agglomérations de ruines, tantôt des chapelles et des habitations isolées parmi d'affreux rochers. On entend mugir sans relâche la Reuss et les nombreux torrents qui viennent s'y précipiter du haut des montagnes.

J'arrivai enfin au pied de la rampe escarpée qui mène au *Pont du Diable*, le mieux nommé qui fut jamais ! Là, l'horreur redouble encore s'il est possible. Au-dessus de la gorge profonde dans laquelle la Reuss bondit et se débat furieuse, deux contre-forts de rochers se dressent à pic en face l'un de l'autre. Ils sont reliés, à une élévation prodigieuse au-dessus du torrent, par un pont d'une seule arche, qui, dominant le gouffre, dominé à son tour, et de plus haut encore, par des rochers gigantesques, paraît suspendu entre l'enfer et le ciel. Quand, du bas de la rampe, j'aperçus des hommes, des mulets chargés, franchissant ce pont d'apparence si frêle au milieu de ces montagnes

4.

colcssales qui semblent prêtes à l'écraser, je pouvais à peine en croire mes yeux [1] !

Vint ensuite la Roche Percée (Unerloch) passage souterrain, long de 200 toises environ, à l'issue duquel s'offre tout à coup la riante vallée d'Urseren. Là, le regard, fatigué de tant d'horreurs, se repose avec délices sur de fraîches prairies qu'arrosent les eaux de la Reuss, calmes et limpides à cette hauteur.

Je couchai à Urseren, et le lendemain 23 je remontai la vallée jusqu'au village de l'Hôpital, où commence la longue rampe du Saint-Gothard. Je m'arrêtai à l'hospice établi au sommet du passage. Après avoir pris quelques rafraîchissements et fait ma petite visite aux religieux, je m'engageai dans la descente, qui me parut des plus rapides. Je m'arrêtai parfois pour admirer la majesté terrible des montagnes voisines, et les profondes vallées qui s'ouvrent et semblent se précipiter au loin dans diverses directions, mais principalement vers les plaines de la Lombardie [2].

A Airolo, premier village de la Suisse italienne,

---

1. V. appendice (D.)

2. Il est curieux de voir le jeune abbé soldat, d'abord rebuté et presque effrayé par les scènes alpestres, arriver insensiblement à en comprendre la beauté grandiose.

je trouvai un général qui voulut bien me donner non-seulement des nouvelles de ma demi-brigade, mais un excellent dîner auquel je m'empressai de faire honneur, en soldat obéissant et affamé. D'après ses indications, je m'engageai dans la vallée du Tessin, déjà moins sauvage que la région précédente, et dans l'après-midi du 24, j'aperçus, avec une satisfaction inexprimable, les tours et les créneaux de Bellinzone, où je savais retrouver enfin ma tant désirée demi-brigade. Après avoir embrassé mes vieux camarades, j'allai me présenter au colonel, qui donna l'ordre de me réintégrer dans mon ancienne compagnie.

Dès le lendemain 25, nous fûmes relevés à Bellinzone par la 44e. Nous descendîmes jusqu'à Biasca près Polleggio, et le lendemain nous occupâmes la vallée transversale du Brenno, où l'on nous a disséminés dans différents villages et hameaux. Notre compagnie coucha le 26 à Malvaglia; hier enfin, elle est venue s'installer à Dongio, centre et chef-lieu de la vallée.

Toute l'ancienne route du Saint-Gothard, décrite dans cette lettre, devint, moins d'un an après, le théâtre d'une lutte acharnée entre les Français et

Russes. Entre Airolo et l'hospice, le chemin suivait les détours capricieux d'une gorge qui porte le nom significatif de *Val Trémola*. Quand les soldats de Suwarov, les vainqueurs de la Trebbia et Novi, suspendus aux flancs de la montagne, entendirent siffler les balles, quand ils virent qu'il fallait combattre encore, là où ils pouvaient à peine se soutenir, ils refusèrent d'abord d'aller plus loin. Ce fut alors que Suwarov fit creuser une fosse et s'y jeta en disant aux rebelles : « Puisque vous refusez de suivre votre père, couvrez-le de terre et laissez-le ici. » Cette pantomime sauvage ranima l'ardeur des Russes. Sur les premières pentes au-dessus d'Airolo, on lit encore ces mots gravés dans le roc, *Suwarov victor*, inscription que la fortune ne tarda pas à démentir.

C'était Lecourbe, l'un des premiers généraux de son temps pour la guerre de montagnes, qui défendait le Saint-Gothard, et le nouvel assaut de Suwarov eût probablement échoué, sans le mouvement tournant audacieux d'une division russe par le col de Crispalt, l'un des plus difficiles de la Suisse. Voyant sa ligne de retraite compromise, Lecourbe se replia par Urseren déjà menacé, et par le Pont du Diable qu'il rompit derrière lui. Il avait laissé seulement sur la rive gauche une batterie pour accueillir les Russes à la sortie de l'Unerloch, et jeta dans le précipice le reste de son artillerie qui ne pouvait le suivre dans l'escalade des montagnes de Geschinen. Les Russes parvinrent encore à passer outre en se laissant glisser jusqu'au fond de la gorge hors de portée du canon et remontant de l'autre côté malgré l'escarpement. Mais ce tour de force demeura inutile, grâce à l'héroïque résistance de Lecourbe et de Molitor.

Dans ces combats du Saint-Gothard, l'hospice avait été dévasté et brûlé en partie. On y voyait encore, il y a quelques années, des vestiges de l'incendie. La belle vallée et le bourg d'Urseren avait été également saccagés tour à tour par les deux partis. Vers 1855 il y avait encore à Andermatt des vieillards qui se rappelaient avoir vu dans leur enfance les Russes affamés dévorer du savon et des morceaux de cuir. Ils brûlèrent, pour se chauffer, la forêt de sapins séculaires qui garantissait ce bourg des avalanches. Tels étaient, pour la Suisse, les bienfaits de la guerre et des révolutions [1].

---

1. V. notre volume d'*Études sur la Révolution française* (année *1799*), pp. 187-23.

XVII

Dongio, 28 novembre 1798.
(8 frimaire an VII.)

Aussitôt après mon arrivée, j'avais fait les démarches nécessaires pour obtenir la revalidation de mon congé. Ces démarches n'ayant pas réussi, à cause des circonstances, j'en ai bravement pris mon parti ; et, pour ne rien perdre de mes droits, j'ai réclamé mon rang d'ancienneté, qui m'a été rendu sans difficulté. Me voilà donc lancé de nouveau dans la carrière militaire, jusqu'à ce que..... Mais n'anticipons pas sur un avenir que Dieu seul connaît.

Je crois vous avoir promis la description de notre vallée. J'y joindrai tous les détails propres à vous donner une idée de la vie que nous y menons, et que, vraisemblablement, nous y mènerons longtemps encore, car nous voici bloqués par la neige, et séparés en quelque sorte du reste des vivants.

La vallée du Brenno peut bien avoir sept à huit lieues de long. Mais elle est si étroitement resserrée entre les montagnes, qu'on n'y trouve pour ainsi dire point de cultures ; et tellement ombragée par les forêts de sapins et les énormes masses de rochers qui les couronnent, que le soleil y pénètre à peine, par de rares échappées, en automne et en hiver. On y trouve pourtant un certain nombre de villages et de hameaux, dont les habitants sont misérables au delà de toute expression. Ils cultivent un peu de seigle, dont on fabrique, une seule fois l'an, un pain grossier qu'ils font durcir au feu et gardent en réserve pour le temps des plus grands travaux, qui est aussi celui où toutes les autres ressources d'alimentation se trouvent épuisées. En effet, on s'y nourrit d'abord, aussi longtemps que possible, de châtaignes, puis de navets, qu'on assaisonne avec du lait de chèvre. On y récolte aussi un peu de vin, qui n'est pas des meilleurs, mais dont nous savons bien nous accommoder, à défaut d'autre. Ces pauvres gens n'ayant ni prairies, ni pâturages, ne peuvent élever d'autre bétail que des chèvres, qui trouvent partout leur vie. Mais ils ont quelques mulets, dont ils se servent pour transporter en Italie, et même jusqu'en France quand la saison le permet, le surplus de leurs châtaignes, qui sont excellentes et aussi grosses que nos marrons. Ce petit commerce d'exportation occupe les hommes hors de leur vallée pendant tout l'hiver. Le peu d'argent qu'ils rapportent leur sert à vivre, et parfois à acheter quelques parcelles de terre.

Les bois qui couvrent les pentes de cette vallée sont d'une étendue considérable, et appartiennent en commun aux habitants, mais on ne peut y arriver qu'à l'aide de crochets et de griffes dont on se garnit les pieds et les mains. Il faut, de plus, être bien armé, car les ours sont fort nombreux dans cette région. Les habitants font une rude guerre à ces voisins incommodes, et prennent souvent des oursons.

Dongio, que nous occupons, est un bourg dont les maisons sont dispersées autour d'un vaste terrain, encombré de roches éboulées, à travers lesquelles on a bien de la peine à circuler. Cette disposition bizarre, s'explique par une catastrophe qui remonte à trente ans. Auparavant, le bourg tout entier était adossé à des rochers à pic.

En 1758, l'église fut écrasée, ainsi qu'une partie des maisons et bon nombre d'habitants, par l'écroulement d'une partie de cette falaise, dont les débris couvrirent une superficie d'au moins seize arpents. On aperçoit encore, dans ce chaos, des débris d'habitations détruites. La plus grande partie du bourg a été reconstruite, ainsi que l'église, à distance respectueuse de cette crête, d'où pourrait bien se détacher encore, quelque jour, une autre avalanche de pierres. Le fronton du portail de cette nouvelle église porte cette inscription tirée de la prière de Jérémie, et parfaitement appropriée à la circonstance.

Memento, Domine, quid acciderit nobis [1].

Tout est propre, simple et décent dans cette nouvelle église, que je visite fréquemment. J'ai été surtout vivement ému et charmé des chants à plusieurs parties, exécutés par la population entière avec beaucoup d'ensemble et un profond sentiment religieux. J'ai bon espoir que la prière de ces braves gens sera exaucée, et que Dieu leur épargnera de nouvelles catastrophes.

---

1. Souvenez-vous, Seigneur, du malheur qui nous a frappé.

L'occupation de cette vallée se rattache à celle
de la vallée principale du Tessin, dont celle-ci n'est
qu'un embranchement. Tout ce canton est gardé
par une brigade qui se compose de notre demi-
brigade, la 106e, et de la 44e. Cette dernière est éta-
blie dans la partie inférieure de la vallée du Tessin,
de Bellinzone à la frontière de la république cisal-
pine ; la 106e, dans la partie supérieure, depuis
le Saint-Gothard jusqu'à Polleggio. C'est le troisième bataillon, auquel j'appartiens, qui occupe
ce dernier point, et aussi la vallée adjacente du
Brenno, jusqu'au dernier village en amont, Oli-
vona, qui confine au pays des Grisons. Ma compagnie est évidemment la plus mal placée, attendu que Dongio est dans la partie la plus étroite
de cette vallée, et que nous sommes obligés d'aller
chercher nos rations à Polleggio, c'est-à-dire à
trois grandes lieues, et par d'affreux chemins. Du
reste, les vivres sont abondants, de bonne qualité,
et nous y ajoutons souvent, pour le dessert, un
supplément d'excellentes châtaignes rôties.

En somme, cet hivernage en pleine montagne
n'est pas aussi désagréable qu'on pourrait le
croire. D'abord, en face de notre petite caserne,
nous avons une prairie assez grande pour faire

un peu d'exercice ; c'est là que nous passons nos inspections. C'est là aussi que je vais faire un tour de promenade, toutes les fois que je suis libre. et que le temps le permet. J'y lis un peu, car j'ai quelques livres ; plus souvent encore, je subis le charme de cette sévère et grandiose nature, et m'absorbe dans la contemplation de ce qu'on peut réellement appeler les beautés du pays. Ici, ce sont des chèvres qui voltigent avec une sûreté et une légèreté incroyables sur les pentes les plus abruptes, s'arrêtent parfois sur des pointes de rochers qui leur servent de piédestal, et paraissent comme suspendues au-dessus de nos têtes. Ailleurs, ce sont d'intrépides bûcherons escaladant les roches presque perpendiculaires que couronnent les forêts de sapins, dans lesquelles le bruit de la coignée fait bientôt retentir les échos. Un peu plus tard, je vois ces grands arbres, abattus et précipités sur les pentes, rebondir de roc en roc jusqu'aux premières maisons du bourg, où l'on vient les débiter pour notre usage et celui des habitants. Je ne me lasse pas non plus d'admirer deux belles cascades parallèles et presque contiguës qui se précipitent bruyamment de plus de 200 pieds de haut dans un vaste bassin, où leurs eaux rejaillissent en poussière diamantée. (Torrent du val Soja). C'est ici que j'ai compris pour la première fois, que les sites les plus sauvages, les plus austères, ont leurs beautés qui en valent bien d'autres.

Il vient de nous arriver 1500 recrues ou conscrits de l'an VII. On les a fait presqu'aussitôt repartir pour la Suisse, avec un cadre d'officiers et de sous-officiers instructeurs. Quant à nous, nous passerons probablement l'hiver ici. Le froid commence à se faire vivement sentir, ce qui n'est pas toujours commode pour les exercices, corvées et autres gentillesses du métier. Mais une fois rentrés, nous faisons bon feu ; puis nous nous arrangeons pour charmer la longueur des soirées, en nous occupant ou nous amusant chacun selon ses goûts. [1]

----

1. Le val du Brenno ou Bregno (en allemand *Bollenzerthal*), offre encore aujourd'hui le même aspect. Il a été cruellement ravagé en 1868 par une inondation dont les traces sont encore visibles. Un grand nombre de ses habitants vont, comme autrefois, exercer à l'étranger le métier de rôtisseur de châtaignes. (V. Joanne, p. 779.)

XVIII

Coccaglio [1], 20 janvier 1799.
(1er pluv. an VII.)

Nous avons quitté la vallée de la Brenna plus tôt que je ne pensait, à cause de l'extrême rigueur de la saison et de la difficulté des communications. Nous sommes présentement descendus en Lombardie : le froid, bien qu'assez vif en ce moment, l'est bien moins que dans les Alpes. C'est surtout à partir des premiers jours de décembre que notre situation était devenue pénible. Nous étions littéralement ensevelis dans la neige.

Il m'arriva, à cette époque, une aventure burlesque qui fallit tourner au tragique. J'étais sorti, vers quatre heures de l'après-midi, pour aller

---

1. Coccaglio, au pied du mont Orfano, est aujourd'hui l'une des stations du chemin de fer de Brescia à Bergame.

faire une visite à nos officiers. J'arrivai à un cours d'eau que j'avais traversé plusieurs fois sur la glace, suffisamment épaisse et par delà pour supporter mon humble personne. Comme le jour commençait à baisser, je ne m'aperçus pas qu'on avait récemment cassé et déblayé la glace ancienne, et que cette eau très-profonde n'était couverte que d'une nouvelle couche des plus minces. Je n'y eus pas plutôt mis le pied qu'elle se rompit, et je fis un beau plongeon dans quelques six pieds d'eau. Le danger était d'autant plus grand, que je ne sais pas nager, mais Dieu permit que je conservasse ma présence d'esprit. Un fort coup de talon me ramena à la surface; je parvins à saisir quelques racines de la berge, et y demeurai suspendu, criant comme un damné, avec cette différence que je gelais, au lieu de rôtir! Des femmes qui travaillaient non loin de là accoururent au bruit, et m'aidèrent à sortir de cette eau glaciale en me tendant des perches. Je retournai bien vîte à la caserne, mais j'eus beau faire diligence : Il faisait si froid que l'eau dont j'étais imbibé gelait sur mes habits, si bien que j'apparus aux camarades, tout couvert de lames cristallisées qui scintillaient à la lumière : j'avais l'air d'un lustre ambulant ! Mon aspect excita un rire général, auquel je finis par prendre part moi-même, quand j'eus changé de vêtements, et pris place auprès d'un bon feu.

Nous avions quitté Dongio le 10 janvier, pour nous diriger, par Bellinzone et Lugano sur Côme, où toute la demi-brigade se trouva réunie le 12. Cette ville fait de loin fort bonne figure, grâce à ses nombreux clochers, et aux magnifiques habitations qui bordent le lac[1]. Mais on est bien désenchanté, dès qu'on pénètre dans ses rues sales et mal bâties.

Le 14, nous partîmes de Côme pour nous rendre d'une seule traite à Milan, où l'on nous donna séjour. Mais quel séjour, si nous n'avions pas eu la promenade en ville ! Nous couchâmes sur la paille, entassés dans de vieux bâtiments à peine couverts et nullement fermés, où la place même nous manquait, mais non les courants d'air. Nous eussions été moins mal à la belle étoile. Et voilà comment nous ont habituellement traités nos bons amis les Cisalpins, depuis que nous sommes sur leur territoire.

---

1. V. là description dans l'*Italie du nord* de Le Pays, pp. 299 et suiv.

J'ai employé la meilleure partie du jour passé à Milan, à visiter son immense et magnifique cathédrale....

Le 16, nous allâmes à Caravaggio, petite ville qui nous parut d'autant moins intéressante, que nous ne pûmes y obtenir ni pain, ni lits. Le 17, la demi-brigade, arrivée à Chiari, se fractionna pour aller occuper ses nouveaux cantonnements. Notre bataillon est présentement établi à Coccaglio sur la route de Brescia. Nous y sommes assez mal, un peu moins cependant que dans les précédents gîtes depuis Dongio. Nous vivons dans une ignorance complète des événements politiques ; mais les mouvements de troupes vers la frontière autrichienne donnent beaucoup à penser. Une rupture avec cette puissance semble probable, sinon certaine.

XIX

Monte-Chiaro, 18 février 1799.
(30 pluviôse an VII.)

Nous avons quitté brusquement Coccaglio, ayant
reçu l'ordre de nous rapprocher de Mantoue. Le
1er février, notre demi-brigade arriva ici, où l'état-
major s'installa avec un bataillon. Le nôtre avait
été envoyé à Carpendolo, mais je n'y suis resté
que quelques jours, ayant été désigné par presque
toutes les compagnies de la demi-brigade pour
faire partie du conseil d'administration. Je suis
donc de retour ici depuis le 8, et n'ai à m'occuper
que des affaires soumises au conseil, qui se réunit
tous les deux ou trois jours. J'ai à ma disposition
une bonné bibliothèque, où je passe mes matinées,
l'après-midi je me promène. Monte-Chiaro est une
petite ville assez laide, mais dont les environs sont

charmants. Il y a surtout un monticule qui touche à la ville, d'où l'on jouit d'un superbe panorama sur la chaîne lointaine des Alpes et les plaines de la Lombardie. Celles-ci n'ont pas encore leur riche parure printanière, mais on n'en distingue que mieux, à travers les arbres encore dépourvus de feuilles, une foule de beaux villages, avec leurs dômes et leurs tours. On aperçoit même, à une énorme distance, Saint–André de Mantoue, la tour de Crémone [1], et le château de Brescia.

Notre organisation militaire vient de subir une importante modification. On a refondu nos trois bataillons en deux, et envoyé à notre grand dépôt ce qui composera, désormais, le troisième bataillon. Cette mesure vient d'être appliquée à tous les corps de l'armée, dont les bataillons actifs se trouveront ainsi au grand complet de guerre. Ceci donne plus que jamais lieu de croire que les hostilités vont reprendre prochainement.

---

1. *Torazzo* ; ce campanile commencé dit-on au VIII⁰ siècle et terminé au XIII⁰ est le plus élevé de l'Italie du nord (120 m. 82 c.). On y monte par 498 degrés.

XX

Vestone, 21 mars 1779.
(1re germinal an VII.)

Je pressentais que nous ne resterions plus longtemps à Monte-Chiaro. Dès le 10 mars, nous avons
reçu l'ordre de nous rapprocher de la frontière autrichienne. Nous nous portâmes le lendemain sur
Castiglione delle Stiviere, où nous devions recevoir
de nouvelles instructions qui n'arrivèrent que le
17[1]. Nous avons été envoyés dans la vallée de la Sabia.
Je vous écris de Vestone, où je suis arrivé avant-
hier avec l'état-major. Nous y sommes logés aussi
bien qu'on peut l'être dans un pays très-pauvre,

---

1. C'est là qu'avait eu lieu, le 5 août 1796, la bataille dans
laquelle Augereau se couvrit de gloire, et qui lui valut plus
tard le titre de duc,

et qui, d'ailleurs, a été complétement ruiné pendant les dernières campagnes.

Selon toute apparence, l'ennemi n'est pas loin de nous, et l'on va bientôt se battre, car il nous arrive beaucoup de déserteurs... Nous sommes ici dans un véritable entonnoir, au nord-ouest du lac de Garde. Nous couvrons Brescia, et faisons tête aux gorges du Tyrol, par lesquelles l'ennemi pourrait déboucher pour prendre l'armée française à revers.

Si nous restons encore ici quelques jours, ce qui me semble douteux, j'irai visiter les bords du lac et les principales positions de la vallée, dont on ne peut rien soupçonner d'ici. Mais il faut d'abord être assuré que, pendant ces petites excursions, le feu ne prendra pas à la maison.

XXI

Camp de Pastrengo, 27 mars 9.
(7 germinal an VII.)

Vous voyez, mon cher ami, que les événements se précipitent. Un choc général a eu lieu hier; il a été, sinon décisif, du moins glorieux pour nos armes.

Le lendemain du jour où je vous écrivais, nous recevions l'ordre de quitter la vallée de la Sabia. Je partis de suite pour m'avancer : le 23, j'étais de bonne heure à Brescia, où j'attendis les bataillons. Tout était sans dessus dessous dans cette ville, dont les magasins n'avaient pas assez de vivres, ni les arsenaux assez de munitions pour les circonstances. Nous partîmes de Brescia le soir même, pour faire place à d'autres troupes. Je couchai dans un village sur la route de Peschiera, où j'eus, pour la dernière fois, mon logement d'état-major comme membre du conseil. Le lendemain 24..., j'allai droit au camp de Saint-Georges, où ma compagnie était bivouaquée, et je repris place dans ma compagnie.

Le 25, nous aperçûmes la partie de l'armée autrichienne qui nous était opposée. C'était l'aile droite, occupant principalement Bussolengo, sur la rive gauche de l'Adige, et Pastrengo sur la rive droite. Cette armée avait son centre, que nous ne pouvions voir, en avant de Vérone, sa gauche vers Legnago. Nous fûmes passés en revue dans la journée, et les troupes décampèrent sans bruit dans la nuit, pour aller prendre les positions assignées à chaque corps.

L'obscurité, le mauvais état des chemins et l'encombrement rendaient notre marche assez pénible, et finirent par l'interrompre tout à fait. Pendant cette halte forcée, qui dura plus d'une heure, notre chef de brigade me dit qu'il était inquiet de ses deux caissons de cartouches qui n'arrivaient pas, et me chargea d'aller à leur rencontre avec une escouade. Je les trouvai au milieu d'une prairie, renversés dans un fossé d'où les soldats de l'escorte s'efforçaient en vain de les retirer. Nous allâmes chercher du secours dans une ferme voisine, dont j'eus bien de la peine à me faire ouvrir la porte, tant ces pauvres gens craignaient d'être pillés et maltraités. Je parvins à les rassurer, mais, malgré leur aide, il nous fut impossible de relever nos caissons dans ce terrain marécageux. Il fallut les déchargers, déposer les cartouches sur nos capotes étendues par terre, dételer les chevaux. Alors on put soulever les caissons, et les porter à bras jusque dans le chemin où ils furent rechargés. Tout cela avait pris du temps : le jour commençait à luire et le combat était déjà engagé, quand je rejoignis ma demi-brigade avec les munitions.

L'action, qui a duré toute la journée, a été générale et chaudement disputée sur tous les points. Notre droite, vers Legnago, a été repoussée avec perte. Notre centre fit d'abord de rapides progrès, et refoula l'ennemi sur Vérone, mais ne put aller plus loin. C'est seulement à notre gauche, où se trouvait ma demi-brigade, que notre succès a été complet. La belle position de Pastrengo, que défendaient vingt-deux redoutes disposées sur trois lignes en amphithéâtre, a été enlevée après une vive résistance, et l'ennemi rejeté au delà de l'Adige. La perte des autrichiens a été de 9 à 10,000 hommes, dont 4500 prisonniers; en a pris aussi des drapeaux et plusieurs canons.

Notre demi-brigade, ayant été tenue en réserve pendant la plus grande partie de la journée, a très-peu souffert. Nous avons couché à Pastrengo. Aujourd'hui 27, tout paraît fort calme autour de nous Ce soir, nous ferons un mouvement sur Busso-lengo, où nous coucherons vraisemblablement [1].

---

[1]. Le Directoire avait commis deux fautes graves au début de cette campagne. La première fut de donner le ommandement à un général impopulaire. Ce n'était pas que Schérer fût absolument incapable, mais il venait d'être ministre de la guerre, et c'était à lui que les armées imputaient les privations dont elles avaient eu à souffrir. L'autre faute était d'avoir donné trop peu de monde à Schérer en Italie, de même qu'à Jourdan sur le Rhin. Gâté par Bonaparte, le Directoire supposait à tous ses généraux le don des miracles. Si, au lieu de laisser Macdonald sur le territoire de la république *parthénopéenne*, le Directoire l'avait rappelé tout d'abord sur l'Adige, ainsi que la division Gauthier, envoyée inutilement en Toscane, les Autrichiens auraient très probablement été écrasés avant l'arrivée des Russes. Dans cette première bataille où nous obtînmes un avantage relatif, Schérer commandait en personne l'aile gauche, Moreau le centre, et le général Montrichard l'aile droite.

XXII

Mantoue, 11 avril 1792.
(21 germinal au VII.)

Malgré moi, j'étais inquiet des suites de cette prétendue victoire. Je n'avais que trop raison !

Le 27, nous passâmes la nuit, non à Bussolengo comme nous l'espérions, mais sur la rive droite en face de ce village. On nous y laissa fort tranquilles le 28. Le lendemain, un détachement dont je faisais partie, fut envoyé vers Peschiera.

Le 30, le général Sérurier passa l'Adige au-dessus de Pastrengo, et fit une pointe dans la direction de Roveredo, pour couvrir un mouvement général qu'on faisait faire à notre armée de gauche à droite, pour l'établir entre Mantoue d'une part, Vérone et Legnago de l'autre. Ce mouvement eut lieu, et le général Sérurier rejoignit, le lendemain 31, le gros de l'armée. Le détachement dont je faisais partie alla s'établir le même jour dans un village entre Villafranca et Roverbella, sur la route de Mantoue.

M'ennuyant fort de ne rien voir et de ne rien faire, et m'imaginant avoir trouvé une occasion que je n'aurais pas voulu manquer pour tout l'or du monde, j'obtins de mon chef l'autorisation de faire une petite excursion à Mantoue, promettant d'être de retour le lendemain. Je mourais d'envie de voir le monument élevé par le général Bonaparte à Virgile, à l'endroit même où naquit ce grand poète; l'ancienne Andès, appelée aujourd'hui Pietola, à un peu plus d'une demi-lieue de Mantoue. [1]

Après avoir fait ma visite au commandant de place qui me reçut à merveille, et passé la nuit en ville, je sortis le lendemain matin de Mantoue par la porte de Cérèsi, passai le Payolo, qui est un bras du Mincio, sur le pont dit de Virgile, et arrivai à Pietola, en face du monument. C'est une pyra-

---

1. L'identité de Pietola avec l'ancienne Andès est fort contestée. Néanmoins, pour l'amour de Virgile, les habitants de ce village avaient été exemptés de toute contribution de guerre en 1796.

mide d'environ vingt-cinq pieds de haut, entourée de charmilles, d'arbustes, et de plantes de toutes espèces ; de celles surtout qui sont mentionnées le plus souvent dans les *Bucoliques*. On lit sur une des faces de la pyramide l'inscription suivante : *Natali P. Virgilii sacrum anno VI Rep. Fr. ;* et sur les trois autres, des passages des *Georgiques* où il est question de Mantoue et du Mincio [1].

Après avoir examiné le monument en détail et copié les inscriptions, je revins gaiement déjeuner à Mantoue, et repris le chemin de ma station, où

---

1. Schérer semblait avoir épuisé dans cette première journée, tout ce qu'il avait de prudence et d'audace. Au lieu de profiter de l'ardeur de ses troupes victorieuses ou à peu près, et de renouveler l'attaque sur Vérone, comme le lui conseillait Moreau, il perdit deux jours précieux en hésitations, et finit par prendre le plus mauvais parti. Se rappelant sans doute la fameuse manœuvre de Bonaparte contre Alvinzi, il voulait la recommencer, oubliant qu'alors Bonaparte était maître de Vérone et de Legnago, tandis qu'en 1799 ces deux places fortes étaient au pouvoir des Autrichiens, ce qui renversait de fond en comble les conditions du problème. C'était pour masquer ce mouvement qu'il avait fait faire par la division Sérurier cette fausse attaque, repoussée si vivement et avec des forces si supérieures, que cette division fut rejetée en désordre sur l'Adige avec des pertes sérieuses. Les Autrichiens, vainqueurs, débouchèrent en masse de Vérone, et Schérer, pour livrer la bataille qu'il perdit, fut obligé de renoncer à un mouvement qui ne pouvait aboutir qu'à un désastre encore plus complet.

je n'arrivai qu'à la chute du jour. J'étais enchanté de cette excursion, mais ce que j'appris à mon retour refroidit singulièrement mon enthousiasme. Virgile est toujours un bien grand poète, mais si j'avais su ce qui se passait, j'aurais assurément différé ce pélerinage.

En arrivant au village, j'appris que dans la journée, le détachement avait été rappelé en toute hâte sur Villafranca. La presque totalité était partie; il ne restait plus là que des bagages, avec une faible arrière-garde. Je partageai le souper et le lit du fourrier, et nous comptions bien filer le lendemain matin. Mais voici qu'au point du jour, nous sommes sérieusement attaqués dans le village même, par un ennemi très supérieur, venant précisément du côté de Villafranca[1]. Il fallut d'abord nous défendre, puis nous replier et tirailleurs dans la seule direction encore libre, c'est-à-dire sur Roverbella, puis sur Mantoue, où nous arrivâmes le soir. Je ne m'attendais guère à y revenir sitôt, et dans de telles circonstances. Me voici donc, par suite de cette mésaventure, bloqué à Mantoue, avec

---

1. Cette localité est bien celle où furent arrêtés, soixante ans plus tard, les préliminaires de la paix de 1859.

de graves motifs de craindre d'y rester beaucoup
plus longtemps que je ne voudrais.

Voici, en effet, ce qui s'est passé depuis.

Le 5 avril, nous vîmes arriver les parcs de
l'armée, beaucoup de fuyards, et des blessés en si
grand nombre que les hôpitaux et plusieurs églises
purent à peine les contenir. On connut le lendemain, les détails de la malheureuse affaire de
Magnano[1]. La ville fut aussitôt pourvue d'une garnison, et déclarée le 9 en état de siège.

Le 10, toutes les troupes avaient repassé le
Mincio sur divers points, et c'est ce matin seulement que l'ordre nous est parvenu de rejoindre

---

1. Dans cette journée, les Autrichiens durent surtout la
victoire à leur grande supériorité numérique, qui leur permit d'employer au moment décisif des troupes fraîches
contre les soldats de notre aile droite, fatigués par plusieurs heures de combat, et par les marches pénibles des
jours précédents. Schérer se mit en retraite le soir même
de la bataille, malgré l'avis de Moreau ; abandonna les
lignes du Mincio et de l'Oglio, et ne s'arrêta que derrière
l'Adda. Là il remit le commandement à Moreau, que l'opinion désignait hautement comme le seul général capable
de rétablir les affaires, ou du moins de sauver l'armée.
Mais le mal était devenu irréparable. Quelques jours après,
Moreau, assailli à son tour et forcé sur l'Adda par les Autrichiens et les Russes réunis, dut ramener derrière le
Tessin, les débris de l'armée. Ce nouveau succès ouvrit aux
alliés les portes de Milan.

notre demi-brigade sur la route de Crémone. Mais nous avons trouvé cette route déjà interceptée, et il a bien fallu revenir ici.

Mantoue est une place très forte, située dans une île entourée par le bras principal du Mincio, le canal ou embranchement dit Payolo, et les lagunes d'eaux stagnantes qu'on est convenu d'appeler lac. La ville proprement dite occupe la partie nord-est, qui forme un peu moins de la moitié de la superficie totale de l'île. Le reste qu'on pourrait nommer spécialement île de Cérèse, est séparé de la ville par une plate-forme oblongue également environnée d'eau, et reliée à la ville proprement dite et à Cérèse par des ponts et des ouvrages de défense. On a donné à cette plate-forme le nom de T, parce que le palais des anciens ducs, situé dans ce lieu, avait, dit-on, autrefois, la forme exacte de cette lettre [1].

Quoiqu'il en soit, l'ensemble de ces diverses fractions de l'île est complétement entouré d'eaux, soit courantes, soit stagnantes. Le Mincio proprement dit, avec les lagunes adjacentes, couvre Man-

---

1. Erreur. Ce nom vint de la disposition des avenues au milieu desquelles ce· palais fut élevé et décoré par Jules Romain pour Frédéric II, premier duc de Mantoue.

toue au nord et à l'est. On appelle *Lago di Soprà*,
lac supérieur, la portion des eaux qui s'étend entre
la porte de Pradelles et la citadelle; *Lago di Mezzo*,
ou lac du milieu, celles qui séparent la citadelle
pont Saint-Georges; enfin, *Lago di Sotto*, d'en
dessous ou inférieur, toutes celles qui baignent la
ville proprement dite et l'île Cérèse, entre le fort
Saint-Georges et Pietola; — à l'endroit où le
Payolo, qui se détache du Mincio ou bras principal
au-dessus de Mantoue, le rejoint, après avoir ar-
rosé de ses eaux courantes ou dormantes les
parties ouest et sud de la ville et de Cérèse.

Mantoue est principalement défendue au nord-
est par sa citadelle, située au delà du lac, à environ 300 toises de la ville, On appelle *Molina* la
porte qui y conduit, à cause des moulins établis le
long du pont couvert par lequel la ville et la citadelle communiquent. Elle est couverte à l'est par
le fort Saint-Georges, reliée à elle par un pont dont
la longueur est de 500 toises pour le moins. Entre
ce fort et la citadelle, à 1000 toises environ de la
ville, se trouve l'ancien palais de la Favorite, magnifique position, mais non susceptible d'être occupée par la garnison. Au S.-S.-O., Mantoue est
protégée par un camp retranché qui occupe Cé-

rèse et le T, et avec lequel on communique par deux ponts.

L'endroit le plus faible est la porte de Pradelles, à l'O.-N.-O. Elle n'est couverte que par un ouvrage à cornes, établi à 200 toises en avant. Cet ouvrage est commandé par les hauteurs voisines, et n'est relié à la ville que par une chaussée étroite, dont un ennemi maître du lac peut facilement intercepter le passage avec ces canonnières. En ce moment, la garnison française dispose de douze barques canonnières pour la défense des lacs.

Cette garnison, commandée par le général Foissac-Latour, se compose de vingt bataillons ou débris de bataillons français, polonais, italiens et suisses, de quatre compagnies de canonniers françaises et quatre italiennes, de quelques centaines de dragons, etc,, en tout 1000 hommes à peine.

Je ne sais si cette lettre vous parviendra. Je la confie à un dragon qui attend des dépêches, et qui va tâcher d'arriver jusqu'à l'armée française, à travers les postes ennemis.

XXIII

Lodi, 6 août 1699.
(9 thermidor, an VII.)

La fortune des armes persistant à nous être contraire en Italie, nous n'avons pas vu paraître l'armée libératrice qu'on nous promettait sans cesse ; et, comme « toute ville assiégée qui n'est pas secourue est une ville prise », nous avons dû capituler après une longue défense...

Je vous ai parlé des eaux courantes, et aussi des eaux mortes ou stagnantes qui environnent la place. Ces dernières, toujours malsaines, le deviennent bien davantage l'été, surtout pour une garnison assiégée. Aussi les maladies nous avaient enlevé un cinquième au moins de notre effectif ; et c'est peu, quand on se rappelle qu'il y a deux ans, dans des circonstances semblables, la

6

garnison autrichienne assiégée dans Mantoue y a presque entièrement péri.

Nous avions un approvisionnement assez considérable de grains, mais peu de farines. Aussi, quand les crues vinrent empêcher les moulins de marcher, il fallut recourir au biscuit, bon et abondant d'abord, mais ensuite très mauvais. Bientôt même il n'y en eut plus guère, et nous fûmes réduits finalement au sixième de ration.

Nous n'avions de viande fraîche que tous les cinq jours, et la viande salée qu'on nous donnait le reste du temps, était détestable. De plus, le sel nous faisait presque complétement défaut. Pour assaisonner notre viande fraîche et les autres aliments, nous n'avions que le résidu des tonneaux de salaisons, qui donnait à notre soupe une teinte verdâtre des moins ragoûtantes. On n'accordait pour la cuisson que quinze onces de bois par homme.

Les liquides ne manquaient pas. On nous faisait régulièrement des distributions de vin, d'eau-de-vie et de vinaigre. On donnait aussi du tabac.

Les caisses militaires étaient mal garnies. Aussi l'on eut bien de la peine à payer un tiers de la solde, pendant la durée du siège. A la fin, on eut l'idée de battre monnaie, mais la place ayant capitulé peu de temps après, les balanciers eurent à peine le temps de fonctionner.

Aussitôt que la ville fut investie, le gouvernement devint exclusivement militaire. Ordre fut donné à tout habitant insuffisamment approvisionné, de sortir sous trois jours. Défense fut faite aux boulangers et bouchers de vendre à ceux qui avaient les vivres militaires, et réciproquement défense à ceux-ci de vendre leurs rations aux habitants. On fit divers autres règlements, ayant pour objet le maintien du bon ordre, et la santé du soldat.

Pendant les premiers jours qui suivirent l'investissement, l'ennemi se tint à une assez grande distance de la ville ; les habitants des campagnes voisines pouvaient encore apporter leurs denrées au marché.

Les 16 et 17 avril, l'ennemi tenta inutilement de s'emparer de la tour de Cérèse. Le 18, une nouvelle et plus vigoureuse attaque sur ce point échoua pareillement.

Le 19, il fit, avec 2,000 hommes, une démonstration inutile contre le fort Saint-Georges. Le 20, il coupa tous les chemins qui y conduisent, et le lendemain, dirigea une nouvelle attaque contre le fort, qui ne réussit pas mieux que la précédente.

Le 8 mai, à deux heures du matin, la garnison fit une sortie générale, pour reconnaître les forces, positions et travaux de l'ennemi. Cette reconnaissance eut un plein succès; vers dix heures, nos troupes rentrèrent avec 300 prisonniers, qui furent échangés dès le lendemain.

Ce fut pendant ce mois que la crue des eaux, naturelle ou forcée, vint empêcher nos moulins de travailler, et qu'il fallut substituer le biscuit au pain; les moulins à bras pouvant à peine suffire aux besoins des hôpitaux. Quand, plus tard, les eaux vinrent à décroître, on eut le chagrin de voir que les ouvrages extérieurs qu'elles avaient recouverts, étaient absolument dégradés, et hors d'état de servir à la défense.

Le 10, l'ennemi commença à se retrancher sous la citadelle.

Le 14, il coupa le chemin de Cérèse.

Le 17, il essaya en vain d'établir une batterie sur la rive droite du Payolo.

Dans la soirée du 19, il délogea les postes avancés de Saint-Georges, et s'avança jusqu'aux barrières, d'où il fut vivement repoussé, et refoulé jusque dans ses lignes.

Le 21, la garnison de Saint-Georges ayant fait sortir un détachement pour couper des bois qui gênaient la défense, il s'en suivit un engagement, pendant lequel l'ennemi parvint à lui enlever quelques voitures.

Le 27, de grand matin, la garnison de la citadelle se porta sur la Favorite où l'ennemi s'était établi, et parvint à l'en débusquer.

Le même jour, l'ennemi se montra sur le lac inférieur avec de grosses canonnières, qui donnèrent la chasse aux nôtres. Le feu croisé des batteries de la place et de Saint-Georges les força de s'éloigner.

Le 3 juin, l'ennemi parut aussi, avec de grosses canonnières, sur le lac supérieur. — Le 5, elles poursuivirent trois des nôtres, qui ne leur échappèrent qu'en s'abritant sous nos batteries. A partir de ce jour, le service de nos canonnières sur les lacs fut entièrement paralysé.

Du 8 au 13, l'ennemi construisit d'importants ouvrages entre Saint-Georges et Pietole, malgré le feu de nos batteries.

De grands renforts étaient arrivés à l'armée assiégeante. Notre général craignait une surprise à cause des hautes eaux qui avait envahi les ponts de la citadelle et de Saint-Georges, et rendu la place abordable sur un grand nombre de points. En conséquence il avait fait établir partout des bivouacs ; mesure qui vint augmenter la fatigue déjà excessive d'une garnison réduite, depuis plusieurs jours, à quelques onces de mauvais biscuit. Mais, les eaux ayant commencé à décroître, on put alléger le service du soldat à partir du 19, et rajouter six onces de pain à la ration de biscuit.

Une vive canonnade ayant été entendue au loin, les jours suivants, dans la direction du Pô, on battit la générale le 23, et les troupes se préparèrent pour une sortie générale. Mais le bruit du canon, au lieu de se rapprocher comme nous l'espérions, cesssa tout à fait, et chaque corps alla tristement reprendre sa position.

Le 28, il y eut une suspension d'armes, pendant laquelle l'ennemi célèbra, par des salves d'artillerie et de mousqueterie, les victoires de ses armées [1]. Une prétendue lettre du général Mac-

---

1. La bataille de la Trebbia, (17-19 juin). Le canon qu'on avait entendu de Mantoue les jours suivants, était celui de l'armée de Macdonald en retraite. Cette armée avait été

donald, publiée le lendemain à Mantoue, annonçant l'approche de son armée victorieuse, ne produisit qu'une impression pénible, vu le silence absolu du canon dans cette direction, et l'attitude triomphante de l'ennemi.

Le 6 juillet, celui-ci ouvrit la tranchée sur la rive droite du Payolo. A partir de ce jour, nos batteries ne cessèrent plus de tirer.

Le 9, les grandes eaux étant entièrement écoulées, et les moulins ayant repris leur complet exercice, on nous rendit intégralement nos rations de pain.

Le 10, à trois heures et demie du matin, l'ennemi, par un prompt et vigoureux coup de main, s'empara de la tour et du moulin de Cérèse.

Le 13, la garnison fut sommée de se rendre. Le général Foissac-Latour fit une réponse convenable, puis il demanda et obtint une suspension d'armes de vingt-quatre heures, pour célébrer la fête commémorative du 14 juillet.

Dans la nuit du 14 au 15, l'ennemi ouvrit la tranchée à Belfiore et devant la citadelle. Au point

rappelée de Naples beaucoup trop tard, et n'arriva qu'après que sa réunion avec celle de Moreau était devenue à peu près impossible. (V. nos *Études* sur 1799, p. 121 et suiv.)

du jour, il attaqua les avant-postes de l'ouvrage à cornes de Pradelles, et les refoula jusqu'aux palissades. Les tranchées malgré le feu continu de la place, furent poussées en peu de jours jusqu'aux glacis des points attaqués.

Le 19, nous commençâmes à dépaver la ville, et à prendre toutes les précautions nécessaires pour neutraliser l'effet du prochain bombardement.

Il commença le 24 à trois heures du matin, et fut dirigé principalement contre Pradelles et la citadelle. Dès dix heures, le feu du ravelin de la porte de Pradelles était éteint ; et, avant le soir, la belle et vaste rue de ce nom, où je me trouvais, était encombrée de débris.

J'étais précisément ce jour-là de garde au meilleur endroit, à la porte de Pradelles. Là j'eus le loisir de suivre les évolutions des bombes qui nous arrivaient à toute minute. L'ennemi y allait de si bon cœur, que nous voyions constamment dans l'air un grand nombre de ces projectiles, les uns en train de monter, les autres de descendre. C'était un spectacle magnifiquement terrible ; un feu d'artifice sur une grande échelle. Il y avait tant de bombes à guetter en même temps, que nous ne parvenions pas à nous garer de toutes les explosions. L'une d'elles me fit la galanterie de m'envoyer un éclat qui me passa à quelques pouces de la figure.

Je n'ai garde d'oublier un épisode vraiment étrange de ce bombardement. Il y avait près de la porte de Pradelles et adossé à la paroi intérieure du rempart, une maisonnette en bois et pierrailles de chétive apparence, dans laquelle une cinquantaine d'habitants des maisons voisines s'étaient réfugiés, comptant sur l'abri de la muraille. Une bombe vient pourtant tomber sur cette maisonnette. Elle éclate, crève la toiture et y met le feu. Ne voyant personne sortir, malgré cette catastrophe et l'incendie qui s'étend, nous courons, pensant trouver tout le monde broyé ou asphyxié. Cette construction était divisée en deux pièces, ce que nous ignorions. La bombe ayant pénétré dans l'une, tous ceux qui s'y trouvaient avaient eu le temps de se jeter dans l'autre avant l'explosion. Nous trouvâmes ces pauvres gens, entassés les uns sur les autres, et plus qu'à demi morts de peur, mais sans une égratignure !

Dans la nuit du 24 au 25, l'ennemi passa le Payolo, et s'empara d'une partie du camp retranché (dans l'île de Cérèse). On se hâta de diriger sur ce point toutes les forces disponibles. Les assiégeants furent rejetés au-delà du Payolo, et nous laissèrent 200 prisonniers.

Le 25, à onze heures du soir, nos troupes évacuèrent le fort Saint-Georges, et le lendemain, à neuf heures du soir, l'ouvrage à cornes de Pradelles. Sur ce point, le plus compromis du corps de la place, on coupa la chaussée de communication avec l'ouvrage délaissé, pour y faire passer un courant d'eau, derrière lequel on se retrancha le moins mal possible. Le ravelin était à peu près détruit, l'artillerie hors de service ; l'ennemi occupait déjà une partie des glacis.

La nuit du 26 et la matinée du 27 furent employées à des préparatifs d'attaque et de défense de la courtine de droite. Nous nous efforcions de remplacer par des sacs à terre, les terrasses et la maçonnerie, en grande partie écroulées dans le fossé.

Sur une nouvelle sommation, faite le 27 à midi, le conseil de défense se réunit, et présenta un projet de capitulation qui fut rejeté par l'ennemi : Il exigeait d'abord que la garnison fut prisonnière de guerre : Néanmoins on continua de négocier, et, le 28 au soir, il fut convenu que la garnison sortirait avec les honneurs de la guerre ; qu'elle mettrait ensuite bas les armes, serait reconduite en France et ne pourrait servir avant échange, et que les officiers seraient internés en Autriche pendant trois mois, pour y servir d'ôtages [1].

Le 30 juillet, dès le matin, nos postes furent relevés par les Autrichiens, et la garnison entière vint se mettre en bataille sur la place d'armes. A dix heures, précédée de dix pièces de canon, elle commença à défiler par la porte Molina.

En même temps une colonne autrichienne, venue par la porte de Pradelles, débouchait sur la place et venait former ses lignes de bataille en

---

1. Cette capitulation excita une vive indignation en France, et, quelques mois après, le général qui l'avait signée fut traité avec beaucoup de rigueur par le gouvernement consulaire. On peut alléguer, à sa décharge, qu'il n'y avait guère à se fier, dans les dernières épreuves, ni à la population de Mantoue, ni aux Italiens, ni aux Suisses qui formaient plus du quart de la troupe, et, ce qui était plus grave, la moitié de l'artillerie. Mais il n'en est pas moins vrai qu'il avait contrevenu à une loi formelle de la guerre, en capitulant avant que le corps de la place eût essuyé un assaut. De plus, la reddition de Mantoue eut lieu juste au moment où l'armée d'Italie rentrait en campagne pour la secourir. Elle facilita la concentration des forces austro-russes, et put ainsi contribuer au désastre de Novi. Enfin, on reprochait au commandant de Mantoue des exactions scandaleuses, comme d'avoir affermé à son profit la pêche des lacs.

face des nôtres. Le bruit des cloches sonnant à toute volée, et les acclamations joyeuses des habitants, saluaient l'entrée de nos ennemis. Alors la populace, se croyant tout permis, se mit à nous accabler d'injures et d'ignobles projectiles. Déjà ces misérables s'avançaient entre les deux troupes, pour abattre les armes et les insignes français encore debout au centre de la place, et qui ne devaient être enlevés qu'après notre départ. Comme les Autrichiens nous semblaient ménager trop cette canaille, nous la repoussâmes nous-mêmes à bons coups de crosse et de plat de sabre, et la tînmes ainsi en respect jusqu'au départ de nos derniers pelotons, qui ne put s'effectuer qu'avec l'aide d'une forte escorte.

En sortant de Mantoue, nous passâmes tambour battant entre deux lignes autrichiennes. Le défilé terminé, on déposa les armes ; les officiers prirent la route d'Autriche et nous celle de France. Les soldats italiens se débandèrent en criant : *E morta la republica cisalpina !* Quant aux Polonais qui marchaient les derniers dans le défilé, nous eûmes la douloureuse surprise de voir les Autrichiens leur fermer le passage et les contraindre de rentrer en ville, après les avoir désarmés. Ils étaient exclus inopinémentde la capitulation, comme sujets rebelles (!) de la Russie. Que d'humiliations essuyées coup sur coup dans cette fatale journée ! Insultes d'une vile populace ; séparation forcée d'avec nos chefs ; lâche abandon d'une demi-brigade italienne toute entière ; violence inique faite aux Polonais, nos vaillants et fidèles auxiliaires !

On nous conduisit le même jour à Goïto, petite ville entre Mantoue et Peschiera. Nous y fûmes logés économiquement dans les fossés des remparts. Aucune distribution ne nous ayant été faite ce jour-là, il fallut bien se coucher sans souper. Le lendemain, on commença à nous donner le pain ; mais il paraît que nous ne recevrons aucune solde jusqu'à notre retour en France, attendu que nous ne sommes pas considérés comme prisonniers de guerre. Il en résulte que je ne roulerai pas sur l'or pendant le voyage ; car au départ de Mantoue, mon pécule se montait tout juste à la somme totale de deux francs. J'ai bien aussi quelques petites pièces de monnaie frappées dans les derniers jours du siège, mais je les conserve religieusement comme souvenir.

On nous répartit à Goïto en plusieurs colonnes

de marche ; celle dans laquelle je fus compris ne partit que le 2 août. Sa première station fut ce même Montechiaro où j'avais séjourné l'hiver précédent, dans des circonstances bien différentes. J'y revis mon ancien hôte, qui me fit l'accueil le plus amical, et aurait bien voulu me garder à coucher. Mais il fallut regagner le dortoir commun, qui n'était autre chose que la place publique. Jusqu'ici nous avons toujours couché ainsi à la belle étoile.

Le 3 août, nous longeâmes les remparts de Brescia pour aller passer la nuit dans un village assez éloigné. Le 4, nous passâmes sous les glacis d'Arci-Novi, et couchâmes derechef dans un village. Enfin, le 5, on nous a encore fait contourner, sans y entrer, une autre place forte, Crème, et pousser jusqu'à Lodi, où nous stationnons jusqu'à nouvel ordre.

En finissant cette longue épître, je m'aperçois que je ne vous ai rien dit de la ville même de Mantoue ; je n'ai pourtant eu que trop le temps de la voir en détail ! Comme l'emploi des cloches avait été interdit pendant toute la durée du siège, je n'ai pu entendre la célèbre sonnerie de la cathédrale qu'une seule fois, au moment de notre départ. Cette harmonie vibrante, qui m'eût charmé dans toute autre circonstance, en ce moment me brisait le cœur ! Les églises, que j'ai toutes visitées, sont généralement petites, mais richement décorées. La cathédrale, et Saint-André, ont fixé particulièrement mon attention. La cathédrale a peu d'apparence au dehors, et sa tour construite en briques, fait assez triste figure. Mais cette église est très remarquable à l'intérieur par ses quatre rangées de colonnes cannelées, ses voûtes dorées, ses magnifiques peintures, parmi lesquelles on ne se lasse pas d'admirer une Résurrection de Paul Véronèse. Saint-André est un vaste édifice surmonté d'un fort beau dôme, celui-là même que j'apercevais de si loin, il y a quelques mois, de mon esplanade de Montechiaro. L'intérieur de Saint-André est orné de belles fresques du même Véronèse, qui a beaucoup travaillé à Mantoue[1].

---

1. Il y a là probablement une confusion entre Paul Véronèse et Jules Romain. C'est ce dernier qui a prodigieusement travaillé à Mantoue, comme peintre, architecte et sculpteur, à tel point que son protecteur le duc Frédéric disait : « Mantoue n'est pas ma ville, mais celle de Jules Romain ! » — Les Juifs sont effectivement plus nombreux à Mantoue que dans aucune autre ville d'Italie. Aujourd'hui encore, ils y font le dixième de la population.

Je suis entré aussi dans les synagogues, et j'y ai remarqué que les juifs n'observent pas toujours le précepte de la sanctification du sabbat aussi scrupuleusement qu'on veut bien le dire.

Mantoue n'offre de remarquable, outre ses deux principales églises, que sa vaste place d'armes, ses deux belles rues de Pradelles et de Cérèse ou Pusterla, et quelques anciens palais, dont la plupart ont beaucoup souffert dans les guerres civiles qui ont longtemps désolé ce pays.

XXIV

Bivouac du Mont·Cenis, 28 août 1799.

(11 fructidor, an VII).

Que voilà bien les péripéties de l'existence du soldat ! Après avoir pendant de longs jours, promené ma misère à travers tout le Piémont, sans trouver où reposer ma tête ; me voici au sommet du Mont-Cenis, respirant avec délices l'air, même le très grand air de la liberté, et attendant des ordres qui n'arrivent pas !

Je reprends la suite de mon itinéraire. Arrivés à Lodi dans la soirée du 5 de ce mois, nous n'en sommes repartis que le 9. J'aurais donc eu du temps de reste pour explorer cette ville en détail. Mais la chaleur et la fatigue, le chagrin et la misère, nous avaient tous plongés dans une morne apathie. J'en sortis néanmoins un moment, pour me procurer quelques renseignements sur le mémorable combat du pont sur l'Adda, l'un des premiers et des plus beaux exploits de Bonaparte, il y a trois ans (10 mai 1796). J'ai pu juger sur place, et en connaissance de cause, du mérite d'un pareil coup de main.

Je vis, d'une part, un peu au delà du pont, les vestiges encore reconnaissables du camp retranché circulaire des Autrichiens ; de l'autre, ce pont si élevé, si long, si étroit, aboutissant directement au centre de la formidable position de l'ennemi ; et battu presqu'à bout portant par les feux convergents de son artillerie. Puis la rue transversale, où le général français, tout en échangeant des coups de canon avec l'Autrichien, massa sa colonne de 10,000 hommes, et sut lui donner une telle impulsion, qu'elle franchit le pont à la course, renversa tout devant elle, enleva en quelques instants cette position jugée inexpugnable, et défendue par un ennemi supérieur en nombre. Je crois qu'il faut être Bonaparte et commander à des Français, pour surmonter ainsi tous les obstacles de la nature et de l'art, réunis à la force. Dans notre situation présente, on éprouve quelque consolation en évoquant de tels souvenirs !

Le 9 août, on nous mena de Lodi coucher à St-Angelo, le 10 à Pavie, ville antique et célèbre, mais qui nous parut bien sale et bien triste, avec ses vieux remparts et ses nombreuses tours de briques. Le 11, nous passâmes le Pô, et allâmes coucher dans un village dont j'ignore le nom. Le lendemain 12, notre étape fut Voghera, où l'un de mes camarades, dont la bourse était mieux garnie que la mienne, me fit faire un bon dîner que j'ai eu tout le temps de digérer, comme vous allez voir.

On nous fit décamper de Voghera dès trois heures après minuit. Nous étions pourtant bien joyeux de ce départ si matinal, car nous espérions être remis le soir même aux avant-postes français, stationnés, disait-on, aux environs de Pozzuolo, au pied des premières collines de l'Apennin, non loin de Novi !...

Arrivés en vue de Tortone, dont les Autrichiens assiégeaient alors la citadelle, il fallut attendre qu'une suspension d'armes nous permît de traverser la ville, sans risquer d'être atteints par des projectiles français.

Sortis de Tortone, nous cheminions allègrement vers Pozzuolo, et nous devions en être tout proches, quand l'ordre arriva de nous faire changer de route et filer sur la droite. Il était déjà cinq heures du soir, nous étions encore absolument à jeun depuis la veille, et toutes mes ressources étaient épuisées. Je parvins, contre toute espérance, à négocier chemin faisant un petit emprunt qui me permit, en arrivant à Bosco, de me procurer un pain, et de faire avec quelques intimes non moins affamés que moi, une petite collation d'anachorètes.

Bosco n'était qu'une halte. On nous y fit entrer dans une sorte d'enclos où l'on nous tint parqués comme des moutons jusqu'à dix heures du soir, pour laisser libre passage à une masse de troupes russes et autrichiennes qui se dirigeaient vers ce village de Pozzuolo, où nous avions espéré retrouver nos compatriotes [1]. Quand ce torrent se fut écoulé, nous fûmes remis en mouvement, mais dans une autre direction. On nous conduisit, je ne sais par où, à Alexandrie, où nous n'arrivâmes que vers trois heures du matin. Exténué de fatigue et de faim, je m'étendis par terre, la tête appuyée sur une des bornes du parvis de la

---

1. L'armée française, apprenant la reddition d'Alexandrie et de Mantoue, avait fait un mouvement rétrograde. Ce fut pendant cette retraite qu'elle fut attaquée....

cathédrale, et m'endormis si profondément qu'on m'escamota, sans que j'en eusse le moindre soupçon, la cravate que j'avais au cou. Au bout de deux heures on nous réveilla pour nous diriger sur Valenza où notre logement fut bientôt prêt [1]. On nous fit descendre dans les fossés de la ville ; ce fut là qu'il fallut attendre l'ordre d'aller chercher nos rations, lequel n'arriva qu'à trois heures de l'après-midi, quarante-huit heures après le dîner de Voghera !

Le 14, on nous fit repasser le Pô, pour aller prendre gîte dans un endroit dont j'ai oublié le nom. Pendant toute cette journée, nous avions entendu sans relâche gronder le canon, c'était celui de Novi !... Ce nouveau désastre avait ramené nos troupes à la ligne des Alpes, de sorte qu'il nous fallut encore huit jours de marche pour les rejoindre... Enfin, le 25 au matin, nous passâmes sous les remparts de Suze, pour gagner la Novalèse et le Mont-Cenis. Les avant-postes autrichiens étaient derrière la Novalèse. On nous fit faire halte au delà de ce village, au pied même de la montagne. Ce fut là que le chef du détachement

---

1. Valenza, aujourd'hui station de chemin de fer, est à 14 kilomètres d'Alexandrie.

7.

qui nous avait escortés pendant cette longue promenade (pas d'agrément !), termina sa mission en nous remettant à un officier français, descendu du Mont-Cenis pour nous recevoir.

Nous étions libres dès lors, et il ne dépendait que de nous de rallier immédiatement les avant-postes français qui occupaient le plateau de la montagne. Mais nous préférâmes faire passer d'abord nos malades, puis ce que nous avions de bagage, pour qu'il ne restât pas à la merci des rôdeurs de l'ennemi. Ce transport retarda notre ascension jusqu'au 28. Pendant ces trois jours, nous restâmes dans une position assez critique, alternativement visités par les patrouilles françaises et autrichiennes. Si elles s'étaient rencontrées et que les nôtres eussent eu le dessous, nous aurions pu fort bien être repris cette fois comme prisonniers de guerre, sans autre forme de procès. Vous jugez avec quelle impatience le signal du départ était attendu. Jamais montagne ne fut escaladée d'un si vif élan, et, si pénible que soit cette rampe, il n'y eut pas un seul traînard... [1].

1. Appendice E.

L'ancienne route dont il s'agit ici, par la Novalèse et la Ferrera, était fort raide et exposée aux avalanches ; elle est aujourd'hui remplacée par une rampe plus douce et plus sûre.

XXV

Lanslebourg, 25 septembre 1799.
(4 vend., an VIII).

Je m'étais borné, dans ma dernière lettre, à vous annoncer notre arrivée sur le Mont-Cenis. Une nouvelle déception m'y attendait, ainsi que mes camarades de la 106me qui avaient fait, comme moi, partie bien involontairement de la garnison de Mantoue[1]. Sur le plateau, nous n'avons trouvé personne, ni postes, ni agent du gouvernement, ni traces de nos compagnons de voyage appartenant aux autres demi-brigades. Tous étaient partis pour

1. Pour l'intelligence de ce passage et de ce qui suit, il faut se rappeler que l'auteur faisait partie d'un détachement d'arrière-garde de son régiment, qui avait été coupé du reste et obligé de se réfugier à Mantoue. (V. ci-dessus, lettre XXIII.) Ceci explique comment il a pu être oublié d'abord, tandis qu'il était arrivé des ordres pour les régiments et bataillons entiers, qui avaient défendu la place.

l'intérieur. Pour nous, notre corps ne figurant pas dans la capitulation, notre situation était tout à fait exceptionnelle. Il fallait prendre patience, en attendant l'ordre de rentrer en France, ou de rejoindre notre demi-brigade par le Piémont.

Nous nous étions d'abord établis sur la partie du plateau la plus rapprochée de la vallée de Suze, où nous eûmes beaucoup à souffrir du froid et de la neige, dès la première nuit. Le lendemain, on trouva un endroit un peu plus abrité; mais nous étions encore fort mal sous le rapport de la nourriture, ayant pour toute ressource les rations qu'il fallait aller chercher tous les jours à Thermignon, village à une grande lieue au delà de Lanslebourg [1]. Elles n'y arrivaient même qu'assez irrégulièrement, et nos hommes de corvée firent plusieurs fois pour rien cette course pénible...

Pour moi, suivant mon habitude, je m'étais mis à explorer notre sauvage résidence. Ce plateau supérieur du Mont-Cenis, de forme très irrégulière, peut avoir deux lieues de long sur une en

---

1. Cette évaluation est trop modeste de moitié. Il y a 8 kilomètres bien comptés de Lans-le-bourg à Thermignon, et il faut gravir et redescendre dans ce trajet, des rampes extrèmement raides.

moyenne de largeur. On y arrive de différents
côtés par des gorges serpentant à travers des
crêtes rocheuses qui limitent l'horizon presque de
toutes parts, en dérobant l'aspect des pentes inférieures et des vallées lointaines. Dans cette région
aride, désolée, rien ne m'a rappelé ni le panorama grandiose et charmant de Montechiaro, ni
l'austère beauté du val de Brenno.

On trouve sur le Mont-Cenis un hospice aujour-
d'hui abandonné [1], une poste-auberge où l'on pouvait, avant la guerre, se procurer des mulets et des
traîneaux, et quelques pauvres cabarets qui « pleu-
raient leur solitude [2] ». Il n'y a plus de cultures
à cette hauteur, mais seulement des prairies où l'on
amène les bestiaux l'été, et un certain nombre de
châlets épars, qu'habitent alors les bergers, et où
ils s'occupent de la fabrication des fromages. Mais
à l'approche de l'hiver, qui dans ces parages
s'annonce dès la fin d'août, ils redescendent dans
les vallées inférieures. Lors de notre arrivée, le
plateau était déjà entièrement désert.

Dans de telles conditions, ce séjour n'était pas

----

1. Rétabli depuis par Napoléon 1er.
2. La *Grand'Croix* . 1850 m. Le point culminant du passage, où est située l'auberge de *la Ramasse*, est à 2098 m.

tenable. Après nous y avoir laissés dix longs jours, on nous a fait descendre à Lanslebourg, où nous sommes assez misérablement logés chez les habitants. Mais c'est déjà quelque chose que d'être à couvert; nous avons de plus l'avantage de pouvoir correspondre d'ici avec nos parents et amis, et d'être plus rapprochés du bourg où nous allons chercher nos rations, et où nous les trouvons... de temps en temps.

On nous fait toujours espérer que, d'un jour à l'autre, l'ordre va arriver de nous diriger sur Gênes par la France, car la voie du Piémont est absolument fermée aujourd'hui. En attendant, nous venons d'être réarmés. Ainsi, nous rejoindrons notre demi-brigade, équipés à peu près comme nous l'étions lors de notre brusque et involontaire séparation, il y a six mois.

XXVI

Nice, 20 novembre 1799.
(30 brumaire an VIII.)

L'ordre de départ pour Gênes ne nous est arrivé qu'après un mois entier de résidence à Lanslebourg. Le 6 octobre dernier, nous quittâmes ce séjour peu attrayant, nous dirigeant sur Grenoble.

Je n'avais jamais vu la Savoie, et n'en avais entendu parler que comme d'un pays très misérable. Je ne sais si c'est parce que j'ai été et suis encore passablement malheureux moi-même, mais cette appréciation m'a paru exagérée. En traversant la Maurienne, j'ai vu partout, dans les vallées comme dans les montagnes, une culture active et intelligente, et j'estime que les habitants peuvent subvenir par eux-mêmes à la plus grande partie de leurs besoins. Les routes et les ponts y sont mieux entretenus que dans certains départements français, notamment dans ceux que je viens de parcourir [1].

A Grenoble, où nous arrivâmes le 12, tout était en fête; on venait d'y apprendre le retour du général Bonaparte.

Ce que nous avons éprouvé pendant cette traversée du territoire français; — je veux dire les conséquences si fâcheuses en général, mais si sensiblement pratiques pour nous en particulier, du désordre des administrations militaires et civiles de la pénurie des caisses et magasins, etc., — me porte à croire que ce retour ne peut avoir que d'heureux résultats pour le pays, sous tous les rapports; — surtout si Bonaparte est loyalement secondé par les hommes de cœur et d'expérience [2].

De Grenoble, nous nous dirigeâmes par Vizille, la Mure, Corps et Saint-Bonnet, sur Gap où le défaut de moyens de transport nous força de rester deux jours; nous n'en repartîmes que le 20. Le

---

1. Sur la déplorable situation des routes à cette époque dans presque toute la France, V. l'*État de la France au dix-huit brumaire*, précieux recueil de documents contemporains, publié par M. F. Rocquain. (Paris, Didier.)

2. Appendice (F).

lendemain nous étions à Sisteron de bonne heure, mais le même motif qui nous avait arrêtés à Gap, nous retint à Sisteron pendant six mortelles journées. Nous n'en étions pas quittes ! Sur ce qu'on appelle par politesse la route de Sisteron à Péyruys, dans un des nombreux passages en corniche sans garde-fou, nous fûmes assaillis par un orage ; les mulets d'une des voitures, effrayés d'un violent coup de tonnerre, prirent le mors aux dents et dégringolèrent dans un précipice. Heureusement personne ne périt dans cette culbute, mais les torrents, grossis par l'orage avaient débordé et intercepté tous les chemins. Il fallut s'arrêter pour attendre la baisse des eaux, et nous n'arrivâmes à Peyruys que le 28 au soir, dans l'état le plus pitoyable.

Le lendemain, nous ne pûmes nous y procurer que des mulets pour gagner Manosque ; et il fallut se disputer avec les muletiers, qui refusaient absolument de marcher. Ils devinrent même si insolents, que nous fûmes obligés de les coucher en joue pour nous faire obéir. Nous fîmes étape le 31 à Peyrolles, le 1er novembre à Aix, le 2 à Crest, où nous eûmes, un de mes camarades et moi, une aventure des plus désagréables. Nous rentrions pour coucher, à huit heures du soir, chez les gens auxquels nous avions présenté, à l'arrivée, nos billets de logement.Nous trouvâmes la porte fermée et barricadée. Après avoir long-temps frappé et parlementé en vain, nous nous mîmes en devoir de l'enfoncer. Nos hôtes malveillants crièrent à la garde ; une patrouille de garde nationale survint et sans écouter nos explications, nous ramassa comme tapageurs nocturnes. Nous restâmes toute la nuit en fourrière, et la liberté ne nous fut rendue que le lendemain.

En traversant la Provence, nous eûmes à essuyer presque tous les jours de semblables avanies, qui témoignaient assez de l'anarchie générale, et de l'irritation des esprits. Il était bien temps que Bonaparte revînt, pour la nation entière, pour l'armée surtout ! De pauvres soldats, qui venaient d'endurer de longues et cruelles souffrances, et retournaient se battre encore pour la défense du territoire français, étaient traités comme on n'eût pas osé traiter des ennemis ! La scène la plus pé-nible eut lieu le 8 novembre au Muy. Là il ne s'agissait pas d'insultes isolées ; on nous refusait à tous le logement et des moyens de transport. Exaspérés de tant de mauvais vouloir, nous eûmes le tort de recourir à la force; il s'en suivit une collision avec les habitants qui dura deux jours, et dans laquelle plusieurs personnes furent blessées de part et d'autre. Dans la nuit du 9 au 10, nous fûmes obligés de nous garder militairement. Enfin, pour se débarrasser de nous, on consentit à nous fournir des véhicules qui nous portèrent à Fréjus dans la journée du 10. Le soir même nous descendîmes à Saint-Raphaël, espérant embarquer dès le lendemain matin pour Nice, mais nous ne pûmes obtenir passage que pour le 13, sur un petit bâtiment de commerce. Nous croyions déjà tous nos maux finis, mais c'était une nouvelle illusion.

Nous partions de Saint-Raphaël par un temps magnifique, et comptant bien arriver de bonne heure à Nice. Mais nous avions à peine fait deux lieues en mer, qu'une violente bourrasque vint assaillir notre navire, qui n'était pas des plus solides, ni des mieux manœuvrés. En quelques instants il fut jeté hors de sa route, complétement dégréé; ce n'était plus qu'une épave à demi submergée par les lames, flottant çà et là au gré de la tempête. Je me rappelai alors ce passage du premier livre de l'Enéide, que j'avais lu souvent, sans avoir l'idée qu'il pût jamais s'appliquer à moi :

His summo in fluctu pendent ; his unda dehiscens
Terram inter fluctus aperit.

Mais nous ne semblions pas devoir en être quittes à si bon marché que le héros troyen. Le bâtiment, complétement couché sur le côté par suite du déplacement de la cargaison, ne gouvernait plus; les hommes de l'équipage poussaient des cris lamentables; la plupart des passagers, consternés, gardaient un morne silence; quelques uns juraient comme des païens. Moi, profondément ému de l'horreur sublime de ce spectacle si nouveau pour moi, j'étais recueilli et résigné à la volonté de Dieu.

Dieu nous protégea. Alors qu'on s'attendait à sombrer d'un instant à l'autre, il survint tout à coup une accalmie, et à peu de distance nous aperçûmes la terre. Nous nous trouvions alors à la hauteur de la baie ou anse d'Agay. Après avoir vainement essayé de relever le bâtiment, l'équipage et les passagers, réunissant leurs efforts, parvinrent mais non sans peine, à le pousser en relâche dans cette anse. Tout le reste du jour fut employé à ce travail, et quand enfin nous débarquâmes, il était déjà nuit.

On commença aussitôt à décharger le bâtiment;
il ne put être renfloué que le surlendemain.
J'allai avec quelques hommes à Fréjus pour
réclamer des vivres, et j'eus toutes les peines du
monde à obtenir seulement du pain.

Nous reprîmes la mer le 16 de grand matin.
Cette fois elle était calme ; elle l'était même trop,
car le vent nous faisait complétement défaut, et
nous ne pûmes arriver que très-tard à Cannes,
après avoir ramé toute la journée. Nous avions
stationné malgré nous pendant plusieurs heures,
en vue des îles Sainte-Marguerite.

Décidément la mer ne nous était pas propice,
et nous préférâmes reprendre la voie de terre. Ayant
réussi cette fois à obtenir des voitures, nous nous
dirigeâmes vers Nice, où nous sommes arrivés
avant-hier, après avoir couché à la belle étoile sur
le pont du Var. Les Niçois n'ont pas fait de grands
frais de réception en notre honneur. On nous a
tout bonnement installés sous les arcades de la
grande place. Selon toute apparence, nous occupe-
rons ce logement économique jusqu'à notre départ
pour Gênes.

TROISIÈME PARTIE

ITALIE (1800-1801).

XXVII

Sestri du Ponent, 28 décembre 1799 [1].
(8 nivôse an VIII.)

Le voici donc enfin terminé, ce voyage qu'un
enchaînement de circonstances fatales a fait durer
cinq mois, quand il aurait dû être terminé en moins
de quinze jours! Il a fallu pour cela, d'abord qu'a-
près la capitulation de Mantoue, les manœuvres

1. Sestri du Ponent, petite ville manufacturière, est aujourd'hui comme un prolongement des faubours de Gènes,
depuis l'établissement du chemin de fer de Voltri. (V. Le
Pays. *Italie du Nord, 222.*)

de l'ennemi pour concentrer ses forces retardas-
sent notre retour dans les lignes françaises ; puis
qu'un nouveau désastre de nos armes fît reculer
nos avant-postes jusqu'au sommet des Alpes ; qu'on
nous oubliât si longtemps dans cette région glacée,
sans instructions et presque sans secours ; enfin,
que nous eussions à traverser une partie de la
France dans le moment de la plus complète désor-
ganisation des pouvoirs publics, au milieu de po-
pulations indifférentes ou malveillantes. Pendant
ce douloureux pèlerinage, nous avons passé par
tous les genres d'épreuves. Il a fallu endurer la
faim et la soif, le froid et le chaud, les ouragans
sur terre et sur mer, les privations de tout genre,
la fatigue, la misère dans toute son horreur !
Combien j'étais impatient, combien je suis heureux de pouvoir enfin vous annoncer ma réunion
à mes chers camarades de la 106ᵐᵉ !

Nous avions passé un mois à Nice, sans qu'aucun allègement fût apporté encore à notre sort,
malgré le retour de Bonaparte et son avénement au
Consulat. L'effet de ce grand et heureux changement ne pouvait pas arriver si vite jusqu'à nous.
Nous étions encore journellement témoins des
derniers résultats du système déplorable de gouver-

nement qui a trop longtemps pesé sur la France.

Ainsi, nous avions vu arriver un soir les débris de plusieurs régiments de cavalerie qu'on renvoyait dans l'intérieur faute de subsistances, et dont les malheureux chevaux, couchés sur le pavé, ne trouvèrent à Nice d'autre pâture que la poussière de la grande place. Peu de jours après, une révolte éclatait parmi les troupes stationnées dans l'Apennin, et qui n'étaient plus ni nourries, ni payées. Une partie de ces troupes, mourant littéralement de faim, abandonna ses lignes pour rentrer en France. Il y eut dans cette circonstance de déplorables collisions, et tout ce côté de nos frontières eût couru de grands dangers, sans le dévouement héroïque des chefs militaires, et l'admirable constance d'un certain nombre de soldats. Tout finit par rentrer dans l'ordre, mais combien il nous faudra souffrir encore, avant de ressentir l'action réparatrice du gouvernement consulaire [1]!

Au milieu de ces tristes circonstances, nous étions plus impatients que jamais d'aller rejoindre à Gênes nos chers camarades. Après bien des dé-

---

1. Sur la situation de l'armée dite des Alpes pendant cette période, v. Appendice G.).

marches, nous parvînmes enfin à obtenir passage à bord d'un bâtiment espagnol, sur lequel nous nous embarquâmes le 15 de ce mois, mais qui ne prit la mer que le 17 au soir. Le vent n'étant rien moins que favorable, nous n'étions encore, le lendemain à la pointe du jour, qu'à la hauteur du cap Noli. Nous eûmes là quelques moments de sérieuse inquiétude, car il fallait passer entre un convoi anglais et les bâtimens de guerre qui l'escortaient. Déjà nos Espagnols avaient pris leurs dispositions de défense, nous avaient assigné nos postes et fait charger les armes. Par bonheur, il s'éleva une petite brise qui vint nous aider à doubler le cap, et nous étions hors de vue de l'ennemi avant le lever du soleil.

Tout allait au mieux ; et, vers midi, nous étions sur le point d'entrer à Gênes, quand survint une violente tempête, qui nous rejeta dans les parages de Savone, où il fallut relâcher. Décidément, la mer nous gardait rancune !

Le lendemain 19, nous repartîmes de Savone pour gagner enfin Gênes, mais les vents et la grosse mer ne nous permirent d'entrer dans le port qu'à une heure fort avancée de la soirée. De plus, on nous retint trois jours entiers à bord, je ne sais pourquoi : si bien que nous ne fûmes mis à terre que le 22, après une nuit affreuse, pendant laquelle nous avions failli littéralement faire naufrage au port. Nous avions cependant bien des motifs pressants d'en finir avec ce triste et fastidieux voyage; un notamment qui pouvait dispenser de tous les autres, c'est que nous mourions littéralement de faim. Depuis notre embarquement, c'est-à-dire depuis le 15, nous avions eu pour tout régal les quatre mauvaises rations, délivrées au moment du départ; et les Espagnols, qui étaient abondamment pourvus, ne nous avaient jamais offert que l'odeur de leur cuisine. Je pus alors, rapprochant le passé du présent, dire en toute vérité qu'alliés Italiens et Espagnols c'est tout un; mais qu'alliés et amis, ce n'est pas la même chose.

Je n'oublierai jamais cette nuit du 21 au 22 décembre. Nous étions descendus à fond de cale, pour passer la soirée et tâcher de dormir. J'avais eu la chance de trouver à bord quelques livres; et je lisais à mes camarades une scène de Molière, quand nous commençâmes à ressentir de violentes secousses... Bientôt on vint nous annoncer que nos amarres et celles d'autres navires venaient d'être rompues par suite d'un coup de vent, et qu'il y avait du danger. Nous grimpâmes de suite sur le pont pour aider les matelots, mais tous les efforts ne nous empêchèrent pas d'aborder plusieurs navires auxquels nous faisions du mal, et qui nous le rendaient bien. Dans les intervalles, nous entendions craquer comme des noisettes les barques qui se trouvaient prises entre de gros bâtiments : Les cris de détresse qui s'élevaient de ces frêles embarcations me déchiraient le cœur, mais nous ne pouvions rien pour ces malheureux.

Toute la nuit se passa dans ces angoisses, et la mer ne se calma un peu que dans la matinée. Ce dernier épisode eut du moins l'avantage de hâter notre débarquement. Quelques heures après, nous étions installés dans un palais de superbe apparence, mais ouvert à tous les vents, et où nous n'avions pour lit que des dalles de marbre, couche somptueuse, mais bien dure et bien froide. Dès le lendemain, nous nous mîmes en quête de moyens de transport pour nous rendre à Voltri, où se trouvait alors le gros de notre demi-brigade. C'est une petite ville à quatre lieues de Gênes, du côté de Savone. Ce n'est qu'après quatre dernières journées de souffrances, qu'il nous a été donné, avant-hier 26, d'atteindre ce but si désiré. Nous avons été accueillis comme des frères qu'on croyait perdus. Le chef de brigade me fit l'accueil le plus bienveillant, et s'entretint longtemps avec moi. Dès le lendemain, chacun de nous rejoignit la compagnie à laquelle il appartenait.

Pendant cette longue absence, j'avais éte provisoirement remplacé au conseil d'administration. Le temps de mon exercice était, d'ailleurs, près de finir. Je jugeai inutile de rentrer en fonctions pour si peu de temps, et partis aussitôt pour Sestri du Ponent, entre Gênes et Voltri, où notre premier bataillon est présentement cantonné.

Le même jour je repris ma place dans ma compagnie. J'embrassai avec grande joie ceux de mes anciens camarades qui avaient survécu, comme nous, à la meurtrière campagne de l'an VII. Je les trouvai fatigués, mal vêtus, singulièrement maigris. Ils pouvaient, il est vrai, me faire le même compliment. J'allai voir ensuite nos officiers, qui parurent fort satisfaits de me revoir.

Sestri du Ponent est un beau grand bourg ou petite ville, à deux petites lieues de Gênes. Nous y sommes logés à couvert, mais sans lits. Il paraît que l'on y touche assez régulièrement les rations de vivres, grande merveille par le temps qui court! Mais on ne touche pas autre chose ; là, comme ailleurs, le numéraire brille par son absence. On m'a remis cependant une partie de l'arriéré, parvenu au corps dans le courant de cette année ; puis j'ai reçu les petites sommes qui m'avaient été adressées de chez moi pendant mon absence. J'ai ainsi par devers moi, aujourd'hui, quelques ressources pour me remonter et vivoter, en attendant mieux....

XXVIII

Sostri du Ponent, 2 mars 1800.
(13 ventôse, an VIII.)

Nous avons eu, jusqu'ici, un hiver pénible sous tous les rapports : n'ayant pour couche qu'un peu de paille, manquant presqu'absolument de combustible, ne recevant que fort irrégulièrement nos rations de vivres, celles de pain surtout, parce que les Anglais interceptent la plupart de nos convois... Toutes les douceurs de la vie nous font ici défaut, sauf le vin.

D'un autre côté, on nous a, il est vrai, payé une faible partie de notre solde, mais quand nous mettra-t-on au courant ? Et combien ne reste-t-il pas à faire pour réorganiser l'armement, approvisionner les magasins, habiller les troupes ? Dans quel affreux état ce Directoire avait plongé la France !

Après un premier séjour d'une quinzaine ici, nous avions été appelés à Gênes, où nous n'étions pas beaucoup mieux. Notre bataillon occupait un vaste bâtiment transformé en caserne, dans le faubourg Saint Pierre d'Arena ; le second était installé en ville, dans une église où il n'y avait pas même de paille. Les distributions ayant été momentanément interrompues, ce pauvre second bataillon se mutina, et faillit entraîner le nôtre. Nous eûmes bien de la peine à empêcher un soulèvement général. Je dis nous, car bien que simple soldat, j'intervins dans cette triste occasion pour rétablir l'ordre. Pour ma part, je réussis, avec le sergent-major de ma compagnie, à maintenir une quarantaine d'hommes dans le devoir, pendant cette sédition qui dura plus de deux heures. On nous renvoya ensuite à Sestri, où nous reprîmes notre pénible et monotone hivernage.

J'avais, cependant, de fréquents rapports avec mes chefs. Un jour, mon capitaine me dit qu'il avait l'intention de me faire nommer fourrier. Être fourrier pour devenir bientôt sergent-major, cela me convenait assez, mais il fallait commencer par être caporal, ce qui ne m'allait guère. Je cédai néanmoins aux instances bienveillantes de mon capitaine ; il me promit que j'aurais la premiere place de fourrier qui viendrait à vaquer au bataillon, et qu'on verrait ensuite. Je me laissai donc faire, et me voici caporal depuis le 5 février dernier.

Le surlendemain 7, notre bataillon reçut l'ordre de se rendre à Campo-Freddo, un nom de fâcheux augure dans cette saison glaciale. C'est une bourgade enfouie dans les gorges de l'Apennin, qui ne nous promettait guère de ressources. Et, vu l'état de pénurie de nos magasins, il fallut partir avec une seule ration de pain. Nous étions encore à deux lieues de notre destination, quand on détacha deux compagnies pour occuper une colline sur notre gauche. Au sommet de cette colline, très haute et exposée à tous les vents, nous ne trouvâmes que trois cabanes habitées par de pauvres paysans. Nous nous installâmes tant bien que mal dans ces cabanes et les enclos adjacents, puis on s'occupa d'établir une ligne de postes d'observation, car l'ennemi n'était pas loin. Je fus envoyé, avec une douzaine d'hommes, à une assez grande distance du principal campement. Il voltigeait alors quelques flocons de neige. Elle augmenta peu à peu, et finit par devenir tellement

épaisse, qu'au bout de quelques heures l'ordre
nous vint de nous replier sur le gros du détachement, l'ennemi ayant de son côté retiré ses avant-
postes. On ne se le fit pas dire deux fois, et nous
retournâmes partager avec nos camarades l'hospitalité des bons paysans. Mais la neige ayant con-
tinué de tomber toute la nuit, les communications
se trouvèrent interrompues le lendemain, et nos
hommes de corvée ne purent descendre à Campo-
Freddo pour prendre nos vivres. Nous étions absolument bloqués, et sans savoir quand notre réclusion finirait. Dès le troisième jour nous avions
consommé toutes les provisions de nos hôtes.
Pour comble d'agrément, le vent soufflait d'une
telle rage qu'il était impossible d'entretenir les
feux de bivouacs. La plupart d'entre nous s'entassèrent dans les greniers à foin, en attendant
qu'on vînt à notre secours. Trois autres jours
s'écoulèrent ainsi, pendant lesquels nous vécûmes
avec la moitié de la ration de pain que nous avions
reçue au départ, réservant le reste comme ressource suprême...

Enfin, dans l'après-midi du sixième jour, on
aperçut dans la montagne des hommes qui travaillaient à déblayer les chemins. Peu de temps

après ils parvinrent jusqu'à nous, et nons trans-
mirent l'ordre de descendre de suite à Campo-
Freddo. Nous y arrivàmes à demi morts de faim
et de froid. On nous y donna une demi-ration de
pain et une ration de vin, et l'on nous installa
dans un local ouvert et à peine couvert, où la neige
fondue faisait irruption de toutes parts.

Le lendemain matin, un autre détachement vint
nous relever, et nous reprîmes le chemin de Sestri, au milieu de tourbillons de neige qui ne nous
permettaient pas de voir à quatre pas. Il y a dans
ces gorges des passages en corniche fort dangereux, par un temps pareil; un faux pas eùt suffi
pour nous précipiter dans un abîme de neige. Je
me rappelle surtout un endroit où la pente était si
escarpée, si glissante, que nous avions bien de la
peine à la gravir en nous soutenant réciproquement. Nous perdîmes là une partie de nos bagages. Mais ce fut bien pis encore quand nous atteignîmes le haut de la montée, où l'ouragan et la
neige sévissaient avec un redoublement de furie.
Là, le bataillon fut mis en complet désarroi ; à
diverses reprises, des soldats furent enlevés et
lancés au loin, culbutés les uns sur les autres.
Beaucoup d'hommes eurent des membres gelés,

ou furent grièvement blessés. J'en ai été quitte pour deux ou trois chutes assez rudes, et un doigt fortement contusionné.

Nous commençâmes enfin à descendre sur Sestri, et à ressentir, d'une certaine manière, l'adoucissement graduel de la température, c'est-à-dire que la neige fondait d'abord en tombant, et qu'elle fut remplacée, plus bas, par une pluie battante qui nous tint fidèle compagnie jusqu'à Sestri, où nous n'arrivâmes qu'à sept heures du soir.

Mes camarades rentrèrent dans leurs casernes, à jeun et trempés comme les soupes que nous n'avions pas. Pour moi, il m'était réservé un petit supplément de faveur. Je fus envoyé en qualité de planton chez le commandant qui dormait bien tranquillement dans un bon lit, et je passai une nuit blanche, couché sur le carrelage de marbre d'une antichambre, sans autre feu que celui d'une lampe à la lueur de laquelle je dévorai le morceau de pain que j'avais reçu la veille. Il est vrai que le lendemain matin, quand j'entrai chez le commandant, il parut affecté d'apprendre que j'avais passé la nuit à me morfondre à sa porte. S'il avait su, me dit-il, qu'il y avait là un planton, il se serait empressé de le renvoyer ou de le faire entrer et approcher du feu, quand même ce n'eût pas été moi. Mais il ne l'avait pas su ! De retour près de mes camarades, dont la nuit n'avait pas été beaucoup meilleure que la mienne, je profitai comme eux, pour me sécher, du feu d'un four à chaux qu'on venait d'allumer dans le voisinage. J'eus la chance de ne pas même attraper un rhume à la suite de cette nuit, qui venait de couronner dignement sept journées de rudes épreuves.

Nous avions grand besoin de repos après cette promenade d'agrément. On nous laissa en effet tranquilles quelque temps, mais sans mieux nous nourrir, au contraire. A partir du 20 février, nous n'eûmes plus que demi-ration : on avait promis d'y joindre des légumes secs que nous ne vîmes presque jamais. Le 24, la ration fut réduite au quart ; le 27, il fallut nous contenter d'une poignée de pois. Quelques barques chargées de farine ayant échappé aux croiseurs, le quart de ration reparut le 26, et la demi-ration a été rétabli depuis le 27. Nous souffrons, mais notre confiance persiste dans le gouvernement réparateur issu du 18 brumaire. Puisse cette confiance n'être pas l'illusion du malheureux, qui retrouve toujours et partout la misère !

XXIX

Bogliasco, 8 mars 1800.
(19 ventôse an VIII.)

Nous venons de faire une nouvelle expédition. Cette fois nous avons eu affaire, non-seulement aux éléments, mais à des adversaires vivants, et très-vivants, aux Autrichiens et à leurs auxiliaires les montagnards de la rivière du Levant, dits de Fontana-Buona, contre lesquels nous étions spécialement envoyés.

Depuis assez longtemps, on parlait de troubles occasionnés de ce côté par des réquisitions de subsistances, malheureusement indispensables pour nous empêcher de mourir tout à fait de faim. A la suite de pourparlers inutiles ; notre général en chef Masséna avait fait occuper militairement le pays.

Cependant les habitants, soutenus par l'ennemi

qui leur fournissait des munitions, se levèrent un jour en masse, et chassèrent nos troupes de leurs cantonnements. Après les avoir vainement sommés de livrer leurs armes et les principaux moteurs du soulèvement, Masséna résolut d'agir par la force, et notre demi-brigade fut de la partie.

Nous quittâmes Sestri du Ponent le 3 mars. Après avoir rallié à Gênes notre premier bataillon, la demi-brigade se porta sur Nervi et Bogliasco, où elle séjourna le 4, pour faire ses derniers préparatifs.

Le 5, on marcha sur Recco, petite ville du littoral, à cinq ou six lieues de Gênes, où se trouvait déjà la 8e demi-brigade légère ; elle nous attendait pour marcher en avant [1]. D'autres troupes devaient opérer par les montagnes, à une certaine distance sur notre gauche.

Nous commençâmes aussitôt à monter à travers les bois par un chemin étroit et escarpé. La 8e tiraillait en tête et sur les flancs, pour débusquer l'ennemi

---

1. Recco, aujourd'hui l'une des stations du chemin de fer de Gênes à la Spezzia, est au fond d'un golfe dont la rive orientale est formée par le promontoire de Porto Fine (*Portus Delphini.*) Les dauphins abondaient autrefois sur cette côte.

du fourré. Les insurgés défendirent le terrain pied
à pied, et nous firent éprouver quelques pertes au
débouché sur le plateau de Rapallo; mais dès que
nous eûmes dépassé la région boisée, nos adversaires s'enfuirent avec une telle précipitation,
qu'en peu d'instants la plaine fut entièrement dégagée. Nous continuâmes alors librement notre
marche sur Rapallo; la 8ᵉ éclairant le littoral, que
nous laissions sur la droite.

Après une courte halte dans cette petite ville,
nous avancions vers les montagnes, quand une
décharge qui nous enleva quelques hommes, nous
révéla la présence d'un petit détachement autrichien, embusqué au milieu des rochers. Ce poste,
d'un accès difficile de toutes parts, aurait donné
de l'embarras s'il avait été fortement occupé. Heureusement ces messieurs n'étaient pas plus d'une
cinquantaine. On nous détacha en tirailleurs pour
répondre à leur feu et les débusquer, sans interrompre la marche du gros de la colonne. L'affaire
fut bientôt finie, et nous ne vîmes plus d'Autrichiens de la journée. En arrivant sur le terrain
dont ceux-là venaient de déguerpir, nous trouvâmes leurs marmites pleines de soupe toute
chaude qu'ils n'avaient pas eu le temps d'avaler,

ce dont nous nous acquittâmes à leur place avec un merveilleux entrain.

A peu de distance de là, le bataillon, engagé dans un chemin tortueux en contre-bas, arriva dans un endroit où ce chemin, bordé d'un côté de falaises presque perpendiculaires, longe de l'autre un précipice dont il n'est séparé que par le parapet. Au moment où la tête du bataillon arrivait à la partie la plus étroite de ce passage, les insurgés qui tenaient le haut de la falaise, firent rouler sur nous deux énormes pierres. L'une passa par-dessus nos têtes, brisa une partie du parapet et l'entraîna dans l'abîme. L'autre, mieux dirigée, tomba juste sur le chemin. Par bonheur, la tête de la colonne, avertie par la chute du premier bloc, avait poussé précipitamment en avant, tandis que le reste rétrogradait non moins vite, si bien que personne ne fut atteint. Des tirailleurs escaladèrent les rochers, mais n'y trouvèrent plus personne.

Le jour tombait quand la colonne atteignit Chiavori, à trois bonnes lieues au delà de Rapallo. On nous fit traverser la ville, et on nous établit aussitôt de l'autre côté, dans une grande prairie, confinant à un torrent dont nous nous empressâmes d'occuper le pont. Les Autrichiens se montrèrent immédiatement pour nous en disputer la possession, et il s'établit une vive fusillade pendant laquelle le pont fut rompu, et chacun garda sa rive. Une chaîne de postes fut installée de suite le long du torrent, et les soldats auxquels on venait, pour la première fois depuis bien des jours, de distribuer ration entière ! s'occupèrent du grand œuvre de la soupe. Il était alors huit heures du soir.

Pendant ce temps, un détachement envoyé en reconnaissance, avait découvert que des troupes quelconques étaient campées sur notre gauche. On espérait que c'était le corps français destiné à opérer conjointement avec nous, mais on n'en avait nullement la certitude. Vers dix heures, on vint m'appeler pour faire partie d'une nouvelle reconnaissance de trente hommes commandée par un officier, avec un sergent et deux caporaux. L'officier était porteur d'un message pour le commandant de ces troupes, présumées françaises. Nous filâmes en grand silence, côtoyant le torrent et par conséquent les postes autrichiens de la rive opposée, auxquels nous réussîmes à dérober notre marche ; puis, nous nous avançâmes, sous la conduite d'un guide, dans la direction où l'on avait aperçu les feux de ce camp problématique.

L'officier m'avait lancé en éclaireur, avec deux soldats, à cinquante pas en avant, mais lui-même s'arrêtait au moindre bruit, ce qui me forçait de m'arrêter aussi. Arrivés à un petit hameau, le guide refusait d'aller plus loin ; il fallut le menacer de lui brûler la cervelle pour le faire avancer.

Parvenus fort près du camp, nous entendîmes distinctement parler français. Mais ces Français pouvaient bien encore être des ennemis, car nous n'ignorions pas que la légion des émigrés de Bussy était dans ces parages. Il fallut donc tenter l'aventure. J'avançai de nouveau, et bientôt je fus arrêté par une sentinelle qui appela la garde ! Il arriva aussitôt un sergent et deux soldats, on croisa de part et d'autre la baïonnette. J'approchai la mienne de la poitrine du sergent. De son côté celui-ci, me présentant la pointe de son sabre, me demanda les mots d'ordre et de ralliement. Jamais, pendant tout le temps que j'ai porté les armes, je n'ai ressenti une si cruelle émotion. Ces Français, dont l'obscurité ne nous permettait pas de distinguer l'uniforme, étaient-ils des nôtres ? ou des *autres* [1] ?

---

1. Pendant les guerres de la Révolution, il y eut trop souvent de ces déplorables rencontres, qui firent pourtant

Dieu merci, ils étaient des nôtres; ce campement était celui de la 74e demi-brigade. Dès qu'on se fut reconnu de part et d'autre, notre détachement avança à l'ordre et pénétra dans le camp. L'officier qui le commandait s'acquitta de son message auprès du chef de la demi-brigade, et nous repartîmes après avoir pris quelques instants de repos. Nous étions de retour à nos bivouacs vers deux heures du matin.

Les Autrichiens, ayant vu nos feux établis sur tant de points, craignirent d'être tournés et se retirèrent avant le jour.

Le 6, on se porta d'abord sur Lavagna, à trois lieues de Chiavari, puis on poussa jusqu'à Sestri du Levant qui est encore à trois lieues plus loin. Les insurgés s'étant retirés fort avant dans la montagne, on s'établit à Sestri, on y fit de nombreuses réquisitions, et tout alla bien jusqu'au lendemain matin.

Mais les insurgés ne s'endormaient pas. Ils

honneur, des deux côtés, à la valeur française. Nous aimons à rappeler à ce sujet, un fait qui nous a été attesté par plusieurs des derniers survivants de cette époque; c'est que plus d'une fois, des soldats de la République, malgré les mesures impitoyables décrétées par la Convention, laissèrent échapper des émigrés prisonniers.

étaient d'ailleurs appuyés par les Autrichiens, qui tenaient à regagner le terrain perdu la veille. Nous fûmes avertis avant le jour que tout était en mouvement dans la montagne, et que déjà nos communications étaient gravement compromises. Presqu'aussitôt nous reçûmes l'ordre de battre en retraite immédiatement. On fit six lieues d'une traite, de Sestri du Levant à Rapallo, par Lavagna et Chiavari.

Mais nous ne devions pas en être quittes à si bon marché. Comme nous entrions à Rappallo, tambours battants et enseignes déployées, on commença à faire sur nous un feu nourri, du faubourg que nous venions de traverser. Il fallut faire volte face pour répondre à cette politesse, et prendre des mesures énergiques pour sortir de ce guêpier. Toutes les dispositions étaient déjà faites pour intercepter notre retraite ; l'autre faubourg était fortement occupé et barricadé. Quand on voulut poursuivre le mouvement, on rencontra une résistance tellement vive, que la tête de la colonne fut plusieurs fois obligée de se replier. Nos soldats montrèrent beaucoup de solidité, et parvinrent à se faire jour, mais non sans pertes.

Dès que nous fûmes sur un terrain découvert, la plus grande partie de la troupe se déploya en tirailleurs et repoussa les insurgés jusque dans les hameaux voisins où l'on mit le feu. Ils se battaient avec une opiniâtreté remarquable; j'ai **vu** des paysans bloqués dans un moulin qui brûlait déjà, tirer encore sur nous du milieu des flammes, et périr sans demander quartier. Dès que nous faisions mine de nous éloigner, ces enragés revenaient à la charge. Ils nous harcelèrent ainsi jusqu'au-dessus de Recco... Tout était en désarroi dans cette ville, où nous avions espéré passer la nuit. Nous y trouvâmes l'ordre de regagner nos cantonnements respectifs. Il était minuit quand le bataillon rentra coucher dans notre masure de Bogliasco; — coucher sans souper, comme d'habitude, et sur des dalles peu moëlleuses.

Vous voyez que notre expédition n'a pas été longue. Deux jours de marche triomphale, un de retraite précipitée, dans lequel nous avons reperdu tout le terrain conquis. Nous avons fait huit lieues le premier jour, six le second; donc quatorze le troisième, avec le surcroît de fatigue de l'échauffourée de Rapallo, et du combat soutenu chemin faisant depuis cette ville jusqu'à la descente de

Recco. Nous avons fort maltraité les montagnards, mais ils nous l'ont bien rendu.

Nous avons eu ce matin nos rations de pain. Mais, selon toute apparence, nous jeûnerons plus d'une fois encore dans cette région pauvre, dévastée, et bloquée par terre et par mer.

XXX

Recco, 2 avril 1800.
(14 germinal an VIII.)

Il est plus que probable que nous serons prochainement attaqués. L'ennemi ne connaît que trop bien nos embarras. Il sait que nous ne recevons de France aucun secours, que nous sommes décimés par la misère et les maladies. Il voudra sans doute profiter de sa grande supériorité numérique pour nous enlever l'honneur de l'offensive. La réapparition des avant-postes autrichiens à proximité des nôtres, le blocus plus étroit que jamais du littoral par la flotte anglaise, nous présagent de sérieux événements. Nous sommes prêts à la lutte, résignés à tous les sacrifices, même à celui de la vie.

Nous étions postés à Bogliasco depuis le 7 mars,

pour appuyer au besoin la 8ᵉ légère, échelonnée de Recco au débouché de la plaine de Rapallo. Nous étions on ne peut plus mal dans cet endroit, réduits pour toute nourriture à une demi-ration de pain, qui souvent ne venait que très irrégulièrement, ou même pas du tout. Combien de fois ne m'est-il pas arrivé, mourant de faim, de dévorer des olives vertes, ou de mâcher des écorces de citrons desséchés sur l'arbre !

Cependant les montagnards avaient reparu plus menaçants que jamais, et serraient de près les positions de la 8ᵉ. Nous reçumes donc, le 25 mars, l'ordre d'avancer sur Recco, pour être à portée de renforcer cette demi-brigade au premier signal. La précaution n'était pas inutile, car, ce jour-là même, les insurgés attaquèrent vivement. Ils furent repoussés avec perte, et reconduits assez loin, la baïonnette dans les reins. Ils n'en revinrent pas moins à la charge dans la matinée du lendemain, et obtinrent d'abord quelques succès. La 8ᵉ fut refoulée à son tour sur le versant boisé qui domine Recco. Dans ce moment, j'étais posté avec quatre hommes au milieu du bois, dans le défilé tortueux et encaissé qui conduit de cette ville au débouché du plateau. Ce poste ne me semblait nullement compromis, bien que j'entendisse des coups de feu tout autour de nous. Débordé ou même pris à revers, je pouvais toujours, à la faveur des accidents de terrain, rejoindre notre grand'garde.

Dans cette situation, nous eûmes à essuyer une panique, occasionnée par des poltrons, des vivandières et autres fléaux d'armée, dégringolant à travers le bois, et criant comme si tout eût été perdu. Je faillis être abandonné par mes quatre hommes, et ne parvins à les retenir qu'en leur barrant le passage, la baïonnette au bout du fusil. Pendant que je me débattais ainsi, nos troupes reprenaient le dessus; les insurgés cédèrent de nouveau le terrain. Lorsque je fus relevé de ce poste, on me félicita de n'avoir pas cédé à la panique. Je ne pus m'empêcher de répondre, en montrant mes quatre hommes : « Ce n'est pas la faute de ces Messieurs !... »

Le soir même, un retour offensif de ces montagnards nous fournit l'occasion de leur donner une telle chasse, que depuis ils n'ont plus rien entrepris de sérieux. Mais nous n'en sommes pas beaucoup plus tranquilles. Ils viennent sans cesse rôder autour de nos positions. Pour les contenir, nous sommes obligés de nous montrer souvent sur les hauteurs, d'entretenir un grand nombre de postes, d'être sans cesse sur le qui-vive; — métier bien pénible pour des gens aussi sommairement nourris que nous le sommes.

C'est ainsi que nous nous reposons, en attendant l'ouverture imminente de la campagne. Tout ceci est évidemment calculé par l'ennemi; il veut nous épuiser d'avance pour nous accabler plus sûrement... Il en sera ce que Dieu voudra, mais les Autrichiens nous croient plus malades que nous ne le sommes.

XXXI

Gênes, 8 avril 1800.
(20 germinal an VIII.)

.... Le 3 de ce mois, un peu avant le jour, j'étais couché tranquillement, ainsi que mes camarades, dans notre caserne de Recco, au delà du pont jeté sur le torrent du même nom, quand je crus entendre le bruit lointain d'une fusillade. Je regardai par une lucarne, et j'aperçus comme une série de feux follets, courant le long des hauteurs occupées par nos avant-postes. J'éveillai mes hommes, et presqu'aussitôt, les trois coups de tambour d'alerte mirent tout le monde sur pied. Déjà nos postes étaient en pleine retraite, et leurs baraques incendiées. Tandis que nous nous formions en toute hâte sur la place, notre adjudant-major, braquant sa lunette sur la montagne, me dit : « Ce ne sont que quelques centaines de paysans dont nous aurons bon marché. »

— Dieu le veuille, mon major ! répondis-je, mais j'aurais été bien surpris qu'il eût raison.

Trois compagnies, dont la mienne, furent détachées immédiatement au secours des avant-postes. Notre présence leur rendit quelque courage. Mais de ces hauteurs, d'où l'on embrassait l'ensemble des positions, nous vîmes que l'attaque s'étendait sur toute notre ligne, que sur notre droite la 8e faiblissait, et que notre gauche perdait sensiblement du terrain. Nous étions à environ trois quarts de lieue en amont de Recco. Mon capitaine, qui avait le commandement supérieur des trois compagnies, me chargea d'aller annoncer au chef du bataillon que nous allions être coupés, et que la position devenait insoutenable à moins d'un prompt secours.

Je ne fis qu'un saut jusqu'à Recco. Le commandant ne pouvait plus disposer que de quelques compagnies, et il était accablé de demandes semblables à la mienne.

— Retournez vite, me répondit-il, et dites au capitaine que je ne puis pas lui envoyer un seul homme, mais qu'il tienne jusqu'à extinction... Et je repris ma course vers la montagne.

J'étais au plus à vingt minutes de Recco, et je venais de quitter la rive du torrent pour grimper parmi les rochers. Soudain j'entends siffler les balles autour de moi; je vois plusieurs de nos soldats dégringolant sur la pente, puis le capitaine lui-même ramenant, au pas de course, sa troupe fort en désordre. Mon rapport fut bientôt fait. Le capitaine s'écria : « qu'il y vienne lui-même, il verra... », et poursuivit sa marche rétrograde. En trois minutes, nous arrivons au torrent ; nous tournions à gauche pour redescendre par la berge jusqu'à Recco, que nous voyions distinctement à nos pieds. Mais le bruit d'une autre fusillade nous arrive aussi de ce côté ; dans la ville, visible de l'endroit où nous étions comme sur un plan en relief, nous distinguons des uniformes blancs ; nous apercevons aussi notre chef de bataillon et sa petite troupe, repoussés au delà du pont dont ils s'efforcent de disputer le passage. Un instant de plus, et nous allions nous trouver pris entre les ennemis qui nous poursuivaient et ceux déjà maîtres de la ville.... « A l'eau ! » s'écrie notre capitaine, en joignant l'exemple au précepte. Et nous voilà tous, jusqu'au cou dans cette eau rapide et glaciale. Nous la traversâmes sans accident, pour aller nous jeter dans un bois situé en face, mais à une distance qui nous parut bien grande, car l'ennemi, qui déjà bordait la rive que nous venions de quitter, nous fusilla pendant tout ce trajet. Nous réussîmes pourtant à gagner cet abri, où personne ne vint nous relancer et, peu de temps après, nous ralliâmes le bataillon qui se repliait sur Sori avec la 8e légère. Sori est à une lieue de Recco, entre cette ville et Bogliasco.

Mais nous n'y restâmes que jusqu'à deux heures de l'après-midi ; sur l'avis que l'ennemi ne paraissait pas être en grande force à Recco, et qu'il s'y gardait assez mal, nous croyant plus battus et abattus que nous n'étions. On retourna de suite à la charge. Une brusque attaque nous redonna le pont ; l'ennemi, assailli à la fois sur tous les points accessibles qu'un long séjour à Recco nous avait fait connaître, s'enfuit en désordre, laissant dans cette ville bon nombre de morts, de blessés et de prisonniers. A la suite de cette prompte et brillante revanche, nous avions réoccupé plusieurs des positions avancées qui avaient été surprises le matin. Mais, dans la nuit, nous reçumes l'ordre de retourner à Sori. Ce retour n'était qu'un épisode d'une manœuvre de concentration, rendue indispensable par la grande supériorité de l'ennemi.

Dans la matinée du lendemain 4 avril, l'ennemi enleva la position du Monte-Cornua, sur notre gauche. On nous fit suivre le mouvement général de retraite par le littoral jusqu'auprès de Nervi, position parallèle au Monte-Facio, où une grande partie de notre brigade se trouvait réunie à la 74e. Pour nous, postés au-dessous de la batterie de côte, nous eûmes bientôt à faire face à une démonstration de plusieurs navires de guerre anglais, qui paraissaient nous menacer d'une descente. Après une canonnade à laquelle riposta vigoureusement la batterie de côte, cette division prit le large.

Cependant les Autrichiens, continuant de manœuvrer contre nos troupes, leur enlevèrent dans l'après-midi le Monte-Facio, et les obligèrent de se retirer à mi-côte, au-dessus de Quinto, où elles passèrent la nuit. L'ennemi avait allumé sur le Monte-Facio de grands feux qu'on devait facilement apercevoir de Gênes, qui n'est qu'à trois lieues de là. Ces feux étaient à la fois une bravade et un signal. Mais les Autrichiens étaient loin de s'attendre au réveil du lendemain.

Pendant cette même nuit, un vigoureux retour offensif s'organisait. Une colonne venant de Gênes sous les ordres du général Miollis, s'avançait pour prendre à revers la droite des Autrichiens, tandis que le général Darnaud, avec la 74ᵉ demi-brigade et la nôtre (renforcée de son troisième bataillon qui arrivait de Suisse), se préparait à les assaillir de front. Cette double attaque, exécutée avec beaucoup d'ensemble et de vigueur, obtint un succès complet. Malgré l'avantage de la position et la supériorité du nombre, l'ennemi fut délogé et mis en pleine déroute. Sa fuite fut tellement précipitée, qu'un bataillon tout entier, attardé dans un ravin, fut enveloppé et fait prisonsier. Il se rendit sans combattre, à la condition de conserver ses sacs.

Nous le rencontrâmes défilant piteusement du côté de Gênes, tandis que nous nous portions en avant. Au moment où les deux troupes se croisaient, je vis un de ces pillards indignes du nom de Français, colleter un ennemi sans défense, le renverser dans le fossé et lui prendre son sac. Indigné de cet acte de lâche brigandage, je sautai aussi dans le fossé ; j'y culbutai à son tour le voleur, lui arrachai le sac et le restituai à l'Autricien. Celui-ci s'était laissé faire et m'avait regardé faire d'un air ahuri, et s'éloigna sans avoir seulement l'idée de me remercier.

Cette reprise énergique du Monte-Facio avait produit une telle impression sur l'ennemi, qu'il nous abandonna le Monte-Cornua sans résistance, perdant ainsi tout le fruit de ses premiers avantages. Nous nous installâmes donc sur ce vaste plateau, où nous passâmes la nuit. Le lendemain, en parcourant la montagne, je trouvai derrière un rocher, un vieux grenadier français grièvement blessé dans la rencontre de l'avant-veille, quand nous avions évacué cette position. Il était resté là caché pendant quarante-huit heures, sans avoir été aperçu par l'ennemi. Nous nous empressâmes de relever ce brave homme, qui n'avait plus qu'un souffle de vie, et de le transporter à notre bivouac, où il reçut les premiers secours. Il fut expédié ensuite sur l'ambulance de Nervi, et j'ai su qu'on avait réussi à le sauver.

Le lendemain 9 avril, nous avions poursuivi notre retour offensif, et repris Bogliasco sans coup férir. Mais, le 7, un ordre pressant nous rappela sur Gênes, et nous occupons présentement diverses positions dans le voisinage de la ville.

Notre bataillon est au fort de l'Éperon ; il y est même assez mal, mais je doute que nous y restions longtemps. Nous savons que l'ennemi compte sur une prochaine revanche, et qu'il réunit de grandes forces dans le Ponent, au-dessus de Savone. Nous l'attendons de pied ferme. Dans le Ponent comme dans le Levant, il nous trouvera toujours prêts à défendre l'honneur de la France.

XXXII

Mont des Deux-Frères, 18 avril 1800
(30 germinal an VIII.)

Il faut que Gênes ait pour nous bien de l'attrait ;
car, vainqueurs ou vaincus, nous y revenons toujours. Nous y étions rentrés il y a dix jours, après
un fait d'armes des plus brillants, la reprise du
Monte-Facio. Nous y voilà encore de retour, depuis
hier, à la suite d'une série de combats dans lesquels nous avons lutté avec courage, et souvent
avec succès contre des forces quintuples des
nôtres, qui nous ont plus d'une fois cédé le terrain, et finalement n'ont pas osé inquiéter notre
retraite.

Il a fallu des motifs bien graves, pour nous forcer d'abandonner ces formidables positions du
Levant, si glorieusement reconquises. Mais l'en-

nemi voulait, à tout prix, nous resserrer dans Gênes, ce qu'il ne pouvait faire qu'en s'emparant de Savone et de nos positions du Ponent. Aussi avait-il concentré sur ce point presque toutes ses forces. Il fallait bien nous porter nous-mêmes dans cette direction pour contre-carrer ses plans, pour essayer même de forcer ses lignes, et de rétablir nos communications avec le général Suchet, qui de son côté, manœuvrait dans le même but. Enfin, au pis-aller, il fallait défendre le terrain pied à pied, et ne nous retirer dans Gênes qu'à la dernière extrémité !...

Le général en chef prit toutes ses dispositions en conséquence. Il ne laissa à Gênes que les troupes nécessaires pour la garde des forts et le maintien de l'ordre. Il envoya le général Soult dans les montagnes du Ponent, avec la majeure partie des forces disponibles, et le général Gardanne sur Savone pour appuyer la gauche de Soult, et opérer de concert avec lui. Enfin, pour compléter l'expédition, et renforcer, au besoin son intrépide lieutenant, il réunit à Sestri du Ponent une petite réserve, placée sous sa direction immédiate...

Désignés pour faire partie de cette réserve, nous nous rendîmes le 10 à Sestri où se trouvait déjà la

73ᵉ demi-brigade, qui se porta avec nous sur
Voltri.

Déjà, depuis quatre jours, le général Soult opé-
rait dans les montagnes ; il y avait obtenu de prodigieux succès. Arrivés à l'entrée de Voltri, nous
eûmes l'agréable surprise de voir défiler vers
Gênes une colonne de 3000 prisonniers avec sept
drapeaux, et une escorte qui nous parut bien
faible ! On nous apprit plus tard que ces prisonniers, lors de leur passage à Voltri, apercevant
plusieurs navires de guerre anglais en vue de cette
ville où il ne se trouvait alors aucune troupe française, avaient eu l'idée de tomber sur l'escorte, et
de rejoindre leur armée par des chemins détour-
nés. C'était notre apparition qui les avait fait renoncer à ce projet.

En sortant de Voltri, nous commençâmes à
être inquiétés par le canon des Anglais, qui nous
fit éprouver quelques pertes. L'endroit où nous
nous arrêtâmes pour passer la nuit était une sorte
de terre-plein assez étroit, entouré de rochers qui
nous garantissaient des boulets du côté de la mer.

Après quelques heures de repos, nous reçûmes
l'ordre de partir avant le jour, pour éviter le feu
des Anglais. En allant réveiller mon monde et

presser la confection de la soupe, j'eus la mala-
dresse de me laisser tomber sur une pointe de rocher qui m'écorcha cruellement un genou, et me
fit éprouver à la rotule une douleur si vive que je
restai plusieurs minutes sans pouvoir faire un
mouvement. Il n'en fallut pas moins, une heure
après, suivre cahin-caha les camarades. Heureusement nous fîmes peu de chemin ce jour-là
ainsi que le lendemain.

Nous nous rapprochions de Savone. Le 13, au
matin, nous fûmes placés en réserve, par bataillons, sur une ligne de petits mamelons. Nous
avions à notre gauche, vers la mer, le beau village d'Albissola dont les maisons descendent jusqu'au bord de la mer ; en face, les hauteurs qui le
séparent de Savone ; à notre droite, les contre-forts
de l'Apennin, d'où nous arrivait le bruit lointain
de la fusillade et du canon. C'était le général
Soult qui s'efforçait de débloquer Savone, tandis
que les troupes de Gardanne étaient engagées sur les
hauteurs en face de nous. Mais elles avaient affaire
à trop forte partie, et furent bientôt rejetées en désordre sur Albissola. Alors le général Masséna
vint en personne se mettre à la tête de notre bataillon, le fit former en colonne par section, et di-

rigea lui-même une charge vigoureuse tout le long du village jusqu'à la mer. Ce mouvement arrêta la poursuite de l'ennemi, et permit aux soldats de Gardanne de se rallier. Nos autres bataillons nous suivirent de près, et le combat se rétablit au delà d'Albissola, mais on ne put reprendre les hauteurs. Après un engagement de six heures, pendant lequel nous avions beaucoup souffert du feu des navires anglais qui nous prenaient d'écharpe, il fallut céder la place. Albissola fut évacué dans la soirée, et l'on prit position à une lieue en arrière pour la nuit.

Le général Soult continuait à faire beaucoup de mal aux Autrichiens. Mais ses troupes étaient épuisées de fatigue et de faim, et de plus fortement compromises sur la droite, par les manœuvres de flanc des réserves ennemies.

Masséna, voyant qu'il ne pouvait rien pour la délivrance de Savone, ni pour le rétablissement des communications avec Suchet, ordonna à Soult de se retirer sur Voltri. Nous manœuvrâmes, le 14, dans la même direction, et le lendemain toute l'armée réunie prit position à une lieue en avant de cette ville. Masséna remit alors à Soult le commandement en chef, et s'en retourna à Gênes.

Nous passâmes la nuit du 15 et une grande partie de la journée du 16 dans ce campement de Voltri. On nous fit là quelques distributions de vivres; pour la première fois depuis bien longtemps, la troupe mit sérieusement le pot-au-feu.

L'ennemi, cependant, manœuvrait pour nous couper complétement de Gênes. Vers quatre heures du soir, il parut en force sur notre flanc droit, prolongeant son mouvement sur Voltri, où il arriva avant nous. Cette ville était notre unique débouché pour la retraite; à tout prix il fallait la reprendre. Les trois compagnies de grenadiers de notre demi-brigade s'élancèrent à l'attaque du pont, s'en saisirent et s'y maintinrent pendant toute la durée de l'action, assurant ainsi le passage de l'armée. L'ennemi fut chargé, traqué, délogé de rue en rue, et l'on perça ainsi, jusqu'à la porte de Gênes, au delà de laquelle nos troupes se rallièrent. Mais les Autrichiens, qui recevaient à chaque instant des renforts, semblaient vouloir nous suivre de trop près. Soult jugea nécessaire, avant tout, de les refouler dans la ville, et ce nouveau combat, non moins acharné que l'autre, leur fit décidément passer l'envie d'inquiéter notre retraite. Cette double affaire de Voltri fut très meurtrière.

Il était presque nuit, quand les troupes françaises se mirent en marche dans la direction de Gênes. Nous étions déjà à peu près à moitié chemin, quand le général Soult donna ordre à mon bataillon, qui formait l'extrême arrière-garde, de retourner sur ses pas, pour observer les mouvements de l'ennemi, et recueillir bon nombre d'hommes égarés, à la suite de l'épouvantable mêlée de ce jour. Notre bataillon fit dont volte-face, et rebroussa chemin jusqu'à peu de distance de Voltri. L'ennemi bivouaquait en avant de la ville. Nous prîmes position en face de ses postes, derrière un mur transversal que la route traverse sous une arcade cintrée. Nous nous barricadâmes de notre mieux derrière cette espèce de rempart, qui se prolonge assez loin des deux côtés de la route, à gauche, il finit à un ravin; sur la droite, il se continue en quelque sorte par une suite de haies formant des enclos, où l'on plaça aussitôt plusieurs postes. J'eus l'honneur d'en commander un de douze hommes, avec lesquels je restai pendant plus de deux heures, couché ventre à terre, au débouché d'une mauvaise haie sèche, par les ouvertures de laquelle nous recueillîmes un certain nombre d'hommes égarés...

Vers deux heures du matin, toujours dans le plus profond silence, le bataillon se reforma par sections et reprit définitivement la route de Gênes, ramassant et poussant devant lui, chemin faisant, quantité de traînards qui autrement eussent été perdus. Aussi l'on mit beaucoup de temps pour atteindre Sestri, où, avec un peu plus d'activité, les éclaireurs ennemis auraient pu facilement nous devancer. Nous passâmes enfin la Polcevera sur le pont de Cornegliano, et rentrâmes à Gênes hier 17 avril, vers cinq heures du matin. Toute la demi-brigade réunie occupe présentement le mont des Deux-Frères, superbe position qui domine, en grande partie le théâtre probable de futurs événements.

Dieu seul sait, mon cher ami, ce que nous allons devenir. N'ayant pu nous mettre en communication avec les autres corps aujourd'hui refoulés vers la France, si toutefois ils existent encore; pris comme dans un étau, entre l'escadre anglaise maîtresse de de la mer, et des montagnes pleines de troupes ennemies ; nous ne pouvons, à moins d'une puissante et victorieuse diversion, éviter un siège que nous sommes d'ailleurs disposés à soutenir vigoureusement.

La ville de Gênes forme avec son port un cercle à peu près complet, entouré par l'Apennin. Elle a une première et ancienne enceinte bastionnée qui aujourd'hui ne pourrait plus la défendre, à cause des hauteurs qui la commandent immédiatement. Mais elle en a une seconde, dite le *Grand-Mur;* également bastionnée et soutenue par quelques forts qui font corps avec elle. Les ouvrages de cette deuxième enceinte se relient aux défenses du port, et s'élèvent du côté de terre, à la hauteur des positions et plateaux qui dominent la ville. Ces deux extrémités du Grand-Mur se rattachent aux deux môles qui défendent l'entrée du port; le môle neuf à l'ouest, et l'ancien à l'est.

De l'extrémité ouest, où se trouve aussi le fort de la Lanterne, jusqu'au fort Ténailles, le Grand-Mur présente un développement de 12 à 1500 toises. Cette partie des fortifications commande et bat la route de la Bochetta et du Piémont, et la vallée de la Polcevera, depuis Saint Pierre d'Arena jusqu'au village de Rivarolo.

Du fort Tenailles au fort l'Éperon ; établi, comme son nom l'indique, au sommet de l'angle nord du Grand-Mur, il peut y avoir de 1800 à 2000 toises.

Du fort l'Éperon, le Grand-Mur redescend à l'est, puis au sud-ouest jusqu'à la mer, sur une longueur totale d'environ 3500 toises, y compris la section située le long du littoral jusqu'au vieux môle, section dans laquelle il se confond avec l'enceinte primitive. En y comprenant les deux môles, les fortifications de Gênes présentent un un développement total d'au moins 9000 toises.

Les approches du Grand-Mur sont suffisamment protégées, du côté de l'ouest, par les escarpements sur lesquels il est assis, par les forts Tenailles et de la Lanterne. Elles le sont, au nord et à l'est, indépendamment du fort l'Éperon, par des forts détachés et par des accidents de terrain très favorables à la défense.

Parmi ces accidents de terrain, il faut citer d'abord l'endroit où nous sommes, le mont des Deux-Frères, dont le point culminant est à environ 1200 toises au nord du fort l'Éperon. Cette belle position est indispensable à la défense de ce fort, et du grand mur lui-même.

A égale distance des Deux-Frères, et presque dans la même direction, se dresse, sur un rocher isolé, le fort *Diamant,* qui complète la ligne nord de défense du Grand-Mur.

Du côté de l'Est, l'enceinte est principalement couverte par les forts et ouvrages avancés du Monte-Rati, plateau dont la partie supérieure commande le Grand-Mur, et dont la partie inférieure le côtoie jusqu'au-dessus d'Albaro. De ce côté, le Monte-Rati n'est plus séparé de l'enceinte que par un cours d'eau, le Bisagno, qui, à partir d'Albaro, continue à la couvrir comme un fossé naturel prolongé jusqu'à la mer. L'occupation du Monte-Rati est d'une importance capitale. Un ennemi, maître de ce plateau, pourrait paralyser la défense de l'enceinte et battre la ville elle-même.

Il y a sur le Monte-Rati quatre forts ou positions principales. 1° Le fort Richelieu, construit sur le versant nord-est du plateau, en défend les approches contre les attaques dirigées des positions du haut Bisagno et de la Sturla. 2° Le fort Sainte-Thècle, établi sur le versant sud-est, concourt à repousser ces mêmes attaques. En même temps, il bat les positions et débouchés d'Albaro entre le Bisagno et la Sturla, assure les communications de la place avec le fort Richelieu, et protège fortement la Madona del Monte. 3° Cellé-ci est une position avancée sur le versant sud du plateau. On peut dire que sa conservation est pour la défense une question de vie ou de mort, car de ce point, qui domine la ville, l'ennemi pourrait la détruire par le bombardement. De plus, la Madona commande aussi l'accès d'Albaro. 4° Enfin le fort Querzi est dans la partie ouest du Monte-Rati, entre le fort Richelieu et le Grand-Mur. Cet ouvrage, bien qu'à peine ébauché, est d'une extrême importance pour la défense du plateau tout entier.

Malgré le blocus, quelques communications ont encore lieu, la nuit, par le littoral. J'espère donc que cette longue épitre pourra vous parvenir encore.

XXXII

Briançon, 19 mai 1800.
(1er prairial an VIII.)

Cette lettre va sans doute bien vous étonner. Il
y a six semaines, je vous annonçais le commencement du siège de Gênes, comptant bien concourir
jusqu'au bout, dans la mesure de mes moyens, à
la défense de cette place. Aujourd'hui Gênes se
défend encore, et m'en voici bien loin, hélas ! Je
vais vous donner le mot de cette énigme, en vous
contant la suite de mes aventures.

Envoyée sur le mont des Deux Frères immédiatement après la dernière expédition, notre demi-
brigade y resta immobile jusqu'au 22 avril. Ce
repos de quelques jours nous eût parfaitement
remis de nos fatigues, si l'on avait pu y joindre
des vivres en quantité suffisante. Mais il n'y fal-

lait pas compter, dans l'état de dénuement où se trouvait déjà la place, encombrée d'une population de 160,000 âmes, y compris les habitants des faubourgs et de Saint-Martin d'Albaro, plus des réfugiés en assez grand nombre. On dut donc nous régler, tout d'abord, à une demi-ration de pain ; — un pain bizarre, dans lequel on prétendait qu'il n'entrait pas un grain de blé ! On y joignait du vin, quelques légumes secs et un peu d'huile. Ces largesses nous firent même défaut plus d'une fois, principalement le pain, qu'on remplaçait alors par quelques onces de mauvais biscuit et un peu de farine de maïs. Les soldats qui occupaient les ouvrages extérieurs parvenaient souvent à se procurer des herbes qu'ils mettaient cuire avec leurs légumes secs; luxe gastronomique qu'enviaient leurs camarades de l'intérieur !

Comme le combustible nous faisait absolument défaut, on était réduit à des expédients souvent très périlleux, pour faire cuire les aliments. J'ai vu, en peu de jours, démolir pièce à pièce un hameau presqu'entier. Voici comment s'y prenaient les soldats. Un certain nombre d'hommes, dont une partie seulement était armée, descendaient au hameau. Ceux qui avaient leurs fusils expulsaient les vedettes ennemies et les tenaient à distance. Pendant ce temps, les autres découvraient à la hâte une ou deux maisons, et rapportaient tout ce qu'ils avaient eu le temps et la force d'enlever de bon à brûler; charpente, mobilier ou lambris, avant le retour offensif de l'ennemi. Leurs camarades armés couvraient, en tiraillant, l'opération et le transport.

Le 17 avril, jour de notre rentrée à Gênes, on mit les garnisons des forts au complet, et l'on assigna à chaque corps les positions qu'il aurait à garder.

Le 18, le général en chef, accompagné des généraux et principaux officiers de l'artillerie et du génie, visita tous les ouvrages du corps de la place, et toutes les positions environnantes. Il s'occupa aussi de la sûreté intérieure ; organisa et arma la garde nationale. Il forma aussi dans le même but une légion étrangère, composée de réfugiés italiens, et de prisonniers de guerre appartenant aux anciennes provinces polonaises, et qui naturellement ne demandaient pas mieux que de prendre parti pour nous. L'emploi de cette légion et de la garde nationale dans la ville, lui permit de disposer de la presque totalité des troupes françaises pour la défense de l'extérieur.

La garnison se composait de seize demi-brigades ou régiments. Mais toutes avaient fait dans la campagne précédente des pertes qui n'avaient pas été réparées ; et, de plus, elles avaient plus ou moins souffert dans les nouveaux combats. Je ne pense pas qu'au début du siège, nous fussions plus de douze mille combattants.

De leur côté, les Autrichiens ne s'endormaient pas.

Le 21 avril, au point du jour, ils attaquèrent brusquement Saint-Pierre d'Arena, et y causèrent d'abord quelque désordre. Mais des renforts arrivèrent à temps pour rétablir le combat, et finalement l'ennemi fut repoussé avec perte. Il y eut aussi, ce même jour, des engagements assez sérieux sur le haut Bisagno, où le général Miollis avait poussé de fortes reconnaissances.

Le 22, nous fûmes relevés du poste des Deux-Frères, et l'on nous envoya occuper la partie du Grand-Mur située entre les forts Tenailles et de l'Éperon.

Le 25, quelques mouvements de troupes autrichiennes ayant donné lieu de croire à une diversion de l'armée des Alpes en notre faveur, Masséna fit tâter par quelques bataillons les positions occidentales au delà de la Polcevera. Ils revinrent, ayant rencontré une résistance qui montrait bien que l'ennemi était en force de ce côté, et nullement inquiété sur ses derrières.

A cette date se rattachent quelques circonstances qui vous donneront une idée de la détresse à laquelle nous étions déjà réduits. Ce même jour 25 avril, le soldat de notre compagnie qui était de corvée pour le pain et les légumes, vendit clandestinement les rations de deux jours qu'il avait touchées pour nous ; puis, à la faveur des mouvements de troupes qui s'opéraient, il passa à l'ennemi avec le produit de son vol. Grâce à ce misérable, nous restâmes à jeun pendant toute la journée du 25 , avec l'agréable perspective de ne manger que le surlendemain.

Cependant, comme le 26 tout paraissait tranquille, je demandai et j'obtins la permission de descendre en ville, chercher quelques aliments. Comme je n'avais plus le sou, j'emportai mon meilleur linge pour le vendre ou en faire des échanges. Arrivé dans une des rues les plus populeuses, je commence à exhiber má marchandise. On s'assemble autour de moi ; je déploie un beau mouchoir neuf ou à peu près, j'en fais ressortir le mérite et demande ce qu'on veut en donner... Quelques voix répondent : « Une parpagnolle ! » Or, une parpagnolle vaut un peu moins de deux sous ; à ce prix là, tout le linge de la compagnie aurait à peine suffi pour avoir trois livres de pain. Fort désappointé, je remets le mouchoir dans ma poche et j'entre un peu plus loin dans la boutique d'un brocanteur, auquel je propose la plus belle pièce de ma pacotille, des boucles d'oreilles d'argent, en échange d'un pain de munition, ou de l'équivalent eu nourriture quelconque. — « Un pain de munition ou l'équivalent! mais tout ce que vous avez n'y suffirait pas. Voulez-vous quatre onces de biscuit et dix parpagnolles pour vos boucles ? C'est à prendre ou à laisser. » J'eus beau batailler, il fallut en passer par là, et livrer mes belles boucles d'oreilles.

Je tombais de besoin, et tenais pourtant à conserver mon biscuit. Au prix de la meilleure partie de mes nippes, je parvins enfin à me procurer... six onces de prétendu sang de bœuf cuit à l'eau que je dévorai sur place, avec deux cuillerées à bouche de haricots également cuits à l'eau, le tout sans sel. J'échangeai le reste de mes effets contre une petite salade que je rapportai triomphalement, avec le précieux biscuit. Jugez de la joie du camarade auquel j'offris de partager mon festin !

Le 27, l'ennemi continua de se tenir tranquille, mais c'était un de ces calmes précurseurs des tempêtes. Le 28, en effet, dès quatre heures du matin, toute notre ligne du Ponent fut brusquement attaquée par terre et par mer. Nos troupes furent obligées de se replier sur Rivarolo et Saint-Pierre d'Arena.

Vers six heures, les Autrichiens se portèrent en force contre notre ligne du Levant, envahirent le Monte-Rati, cernèrent le fort Richelieu, enlevèrent Quezzi, mais échouèrent contre la Madona del Monte.

A neuf heures, une attaque très vive les rendit maîtres des Deux-Frères ; le fort Diamant fut bloqué et sommé de se rendre. Pendant ce temps, une lutte acharnée avait lieu le long du littoral et à Saint-Martin d'Albaro, entre les troupes que notre général en chef dirigeait vers le Monte Rati, et les Autrichiens qui voulaient leur barrer le passage. Vers trois heures de l'après-midi, les nôtres, vainqueurs dans ce premier engagement, se portèrent sur le Monte-Rati. Le général Poinsot, chargé de reprendre le fort Quezzi avec la 3e demi-brigade de ligne, s'avança le long du Bisagno, tandis que l'adjudant-général Hector, à la tête de l'autre colonne, tournait le plateau pour prendre à revers les ennemis qui bloquaient le fort Richelieu.

Quezzi fut vigoureusement défendu par les Autrichiens, qui avaient l'avantage du nombre et de la position. Repoussés plusieurs fois, les bataillons de la troisième revenaient aussitôt à la charge. Néanmoins ils commençaient à faiblir, quand il leur survint des renforts. Le général Miollis arrivait avec la 2ᵉ ; il fit attaquer l'ennemi par les deux flancs à la fois. La 3ᵉ se rallia de nouveau, et le combat reprit avec une nouvelle fureur. Dans ce moment décisif, Masséna en personne parut avec son état-major. Aucun des deux partis ne voulant céder, on en vint à se prendre corps à corps. Nous apercevions distinctement toutes les péripéties de cette mêlée, de la position que nous occupions alors sur le Grand-Mur, juste en face de ce fort Quezzi. L'ennemi plia enfin, et abandonna cette position, où nous lui avions tué beaucoup de monde, et fait plusieurs centaines de prisonniers.

Au même instant, l'adjudant-général Hector ayant terminé son mouvement tournant, arrivait sur le fort Richelieu. Admirablement secondé par

une sortie de la garnison de ce fort, et par l'attaque combinée des troupes qui venaient de reprendre l'autre, il eut bon marché des Autrichiens, qui, assaillis de tous les côtés à la fois,
s'enfuirent précipitamment, nous laissant bon
nombre de prisonniers, dont un bataillon tout entier avec son drapeau. Ils nous abandonnèrent
aussi un matériel considérable, notamment des
échelles, qu'ils destinaient sans doute à l'escalade
du Grand-Mur.

Tout n'était pas fini. Pour compléter et assurer
le succès de cette mémorable journée, il fallait re-
conquérir sans désemparer le mont des Deux-
Frères, où l'ennemi avait concentré des forces considérables, et d'où il pouvait toujours menacer la
place.

Le général en chef fit de suite ses dispositions
en conséquence. Notre bataillon alla rejoindre les
deux autres de la 106ᵉ, déjà postés entre le fort
de l'Éperon et le mont des Deux-Frères, couvert
de troupes ennemies attendant notre choc. D'autres
corps vinrent également se former sur ce terrain,
et vers sept heures du soir, un nouveau combat
s'engagea.

Il n'y avait pas de temps à perdre. On commença par déployer en tirailleurs tout un bataillon, pour masquer par son feu la marche de la colonne d'attaque. Après avoir longé le front de la position sous un ouragan de balles et de mitraille, cette colonne fit rapidement quart de conversion à gauche sur le centre de la ligne autrichienne. Celle-ci, après une vigoureuse, mais courte résistance, fut enfoncée et précipitée en déroute dans la Polcevera. J'avais l'honneur d'être au nombre des invités de cette petite fête ; tous mes voisins y furent plus ou moins grièvement blessés.

En arrivant sur le plateau, nous y trouvâmes l'artillerie amenée par l'ennemi, et qu'il venait d'abandonner dans sa fuite. Il laissait le terrain jonché de ses morts, parmi lesquels on reconnut le colonel de Colloredo. La reprise de cette position détermina la levée du blocus du fort Diamant. Ainsi la garnison de Gênes avait reconquis partout le terrain perdu ; elle se retrouvait maîtresse de toutes ses positions.

Dans cette journée glorieuse pour nos armes, l'armée ennemie avait perdu plus de 4000 hommes; elle eût été obligée de lever le siège, si nous avions été assez nombreux pour suivre nos avantages.

La ville fut illuminée aussitôt après la reprise des Deux-Frères. Elle venait d'échapper au danger imminent d'un assaut général. On nous distribua, pendant la nuit suivante, trois onces de farine de maïs par homme. C'était assez, sinon pour mourir d'indigestion, au moins pour ne pas mourir de faim.

Nous restâmes en position sur les Deux-Frères pendant toute la journée du 29. L'ennemi était assez fatigué pour avoir besoin, comme nous, d'un peu de repos; mais ce repos ne fut pas long. Vers dix heures du soir, notre bataillon reçut l'ordre de descendre en ville. Nous traversâmes Gênes entre minuit et une heure. Avant l'aube, nous sortions de Saint-Pierre d'Arena pour aller passer la Polcevera au-dessous de Rivarolo.

Le jour commençait à poindre, quand nous arrivâmes au bord de cette rivière; et déjà l'action était engagée sur les deux rives. Nous la franchîmes sans beaucoup de perte, quoique sous le feu d'une batterie ennemie, et nous avançâmes vers le camp retranché de la Coronata, but de cette expédition.

Nous arrivâmes ainsi jusqu'au pied du camp. Là, l'ordre vint de suspendre notre marche, ce qui nous surprit, car dans ce moment même on se battait vivement sur les deux flancs de la position. Nous ignorions que déjà l'affaire était manquée, et nos troupes en pleine retraite.

Le feu cessa bientôt après. L'aile droite, où se trouvaient les deux autres bataillons de la 106e, se replia sur Rivarolo. Nous nous retirions à la suite, quand commença à défiler, sur notre gauche, la malheureuse 5e légère, toute désorganisée, et suffisant à peine au transport de ses blessés. Cette circonstance ralentissant beaucoup une retraite devenue nécessaire, était des plus fâcheuses, mais il fallait bien suivre le mouvement général. Notre bataillon se replia donc à son tour, mais je restai des derniers, faisant partie d'un détachement d'une soixantaine d'hommes, chargés de défendre la queue du convoi de blessés, jusqu'à ce qu'il fût à l'abri de toute poursuite. Nous nous acquittâmes de notre mieux de cette mission périlleuse, suivis de près et fusillés presqu'à bout portant par les tirailleurs autrichiens. Plusieurs de mes compagnons furent tués ou blessés, et je reçus moi-même une balle dans l'épaule gauche, au moment où nous rejoignions enfin notre bataillon.

Notre retraite était d'autant plus difficile, que nous nous trouvions pris entre deux feux. Une partie des troupes ennemies nous avait devancés sur la Polcevera, et nous en disputait le passage. Notre réserve, dirigée par le général Soult en personne, les chargea vigoureusement plusieurs fois avec succès. Il parvint à dégager la majeure partie des troupes qui revenaient de la Coronata, mais non mon bataillon qui se trouvait dans une position exceptionnelle, ayant à franchir la rivière en amont, au-dessus du confluent de ses deux branches supérieures. Nous étions arrêtés par ceux des ennemis qui occupaient cette bifurcation, et se trouvaient conséquemment à l'abri des attaques de notre réserve. Il en résulta du désordre dans les derniers rangs de notre bataillon, pris en tête et en queue ; chacun s'échappa comme il put. Je suivais, malgré ma blessure, ceux qui se tenaient encore ensemble, cherchant à faire une trouée, mais l'ennemi étant partout, ils furent bientôt dispersés. Je tombai entre les mains de soldats hongrois qui me maltraitèrent et me dévalisèrent complétement. Tous mes papiers me furent arrachés et jetés au vent. Ils m'avaient pris aussi le nouveau Testament en latin que je portais sur moi ce jour-là comme toujours. Mais ayant reconnu quel livre c'était, ils me le rendirent aussitôt.

Conduit au premier poste, je suppliai vainement le jeune officier qui le commandait, de me permettre d'aller ramasser mes papiers qui n'étaient pas à deux cents pas de là. Je perdis ainsi les lettres de ma famille et mon journal militaire. Il me restait deux cartes géographiques que j'offris à l'officier, en lui demandant un morceau de pain dont j'avais le plus pressant besoin. Il commença par prendre mes cartes, puis me dit froidement qu'il n'avait pas de pain. Un vieux soldat hongrois dont je n'oublierai jamais la bonne figure, partagea le sien avec moi. Puisse Dieu lui tenir compte au centuple de ce mouvement de pitié généreuse, qui m'a peut-être sauvé la vie !

Quelques moments après, je fus dirigé sur Sestri du Ponent, où l'on devait réunir les prisonniers. Après avoir traversé ce camp de la Coronata que nous n'avions pu prendre, j'arrivai au pied d'un monticule sur lequel se tenaient plusieurs officiers regardant l'horizon, du côté où l'on entendait encore le bruit du combat. Au moment où je passais près d'eux, on leur apportait une bouteille d'eau-de-vie. Celui auquel on la remit, le plus élevé en grade, se tourna vers les autres, et leur dit en excellent français : « A ce pauvre caporal blessé le premier verre ! » Tous s'inclinèrent en signe d'assentiment. Il m'appela et me présenta un petit verre de cette eau-de-vie, qui me parut excellente. Alors ces messieurs qui étaient pour la plupart, sinon tous, des émigrés français appartenant à la légion de Bussy, me firent mille questions sur nos forces, sur nos desseins, sur nos subsistances, sur l'administration intérieure de la ville, l'état moral de la population, etc., etc. Cet interrogatoire m'était infiniment pénible, et pour plus d'un motif. Je réponds nettement, quoiqu'avec discrétion, sur certains points, m'excusant de ne pas répondre sur ceux qu'ils savaient bien n'être pas de la compétence d'un modeste caporal. L'un de ces officiers, l'homme au petit verre, essaya de me prendre par des compliments. Il me dit qu'évidemment je n'étais pas un soldat ordinaire, mais un homme instruit et bien élevé, et une foule d'autres choses encore. Il me demanda par exemple si l'on s'entretenait à Gênes de l'histoire fabuleuse du premier Consul organisant à Dijon, dans le plus grand secret, une armée de 70,000 hommes pour descendre en Italie. Il parut fort étonné qu'on n'eût pas cherché à accréditer parmi nous *ce sot bruit* (textuel). Puis, apprenant que j'étais picard, il s'écria, presque les larmes aux yeux : *et moi aussi !;* et la conversation n'aurait pas fini de sitôt, si dans ce moment tout le groupe n'eût quitté la place, sans doute pour aller déjeuner. Il me sembla que mon interlocuteur et plusieurs autres de ces Français éprouvaient quelqu'émotion en causant avec moi.

En continuant ma route vers Sestri, sous la conduite d'un soldat, j'eus encore une aventure qui faillit tourner au tragique. Deux paysans armés, que je rencontrai, m'injurièrent lâchement et allèrent jusqu'à me coucher en joue. Mon soldat allemand regardait cette scène d'un air impassible qui ne m'allait pas du tout ; pourtant, sur mes instances énergiques, il finit par intervenir.

A Sestri, je fus mené à l'hôpital, déjà encombré de blessés. Comme je pressais les chirurgiens de visiter ma plaie : — Un instant donc, me dit brutalement l'un d'eux ; nous commençons par les nôtres. — Je dois dire cependant qu'ils ne tardèrent pas à s'occuper de moi. Ils firent deux incisions pour chercher la balle qu'ils ne trouvèrent pas. Quand ils m'eurent pansé tant bien que mal, j'allai me réunir à mes compagnons d'infortune. Il n'y en avait plus dans cet endroit qu'une trentaine, plus six officiers. Tous les autres étaient déjà partis, et nous ne devions les rejoindre qu'après trois étapes.

La première, ce fut Voltri. Cette ville, où nous avions si bien étrillé les Autrichiens quinze jours auparavant, nous y reparaissions comme prisonniers, tels sont les caprices de la fortune ! Il y avait pourtant un détail qui ne variait pas. Vainqueurs ou vaincus, nous mourions toujours de faim. Cependant à Voltri, les Autrichiens commencèrent à nous donner du pain.

Le 1er mai, nous quittions Voltri avec une escorte de trente soldats conduits par un officier. A peu de distance de cette ville, je fus témoin d'un épisode qui m'affecta profondément. Nous traversions un petit bois où travaillaient un homme et une femme. Ils avaient près d'eux une petite fille de trois ou quatre ans, qui jouait avec un agneau attaché à un arbre, par une corde assez longue pour lui permettre de brouter à son aise. Parmi tant de scènes tristes ou terribles, les ébats de ces deux innocentes créatures sous la feuillée, par une fraîche matinée de printemps, produisaient un ravissant contraste ; on eût dit une échappée du paradis aperçue de l'enfer, ou tout au moins du purgatoire. Aussi, ce fut avec un douloureux serrement de cœur que je vis tout à coup deux de nos gardes mettre le sabre à la main, couper la corde, enlever l'agneau malgré les supplications des parents et les cris de la pauvre enfant, égorger l'animal devant elle et l'emporter, sans que l'officier parût seulement s'en apercevoir !

Quelques heures après, nous fîmes halte dans un village, et je dois dire que ce même officier se conduisit humainement avec nous. Il commanda un déjeuner pour sept officiers, c'est-à-dire pour lui et les six officiers français prisonniers, puis du pain et du vin pour soixante hommes. Le chef du village, auquel s'adressaient ces injonctions, fit timidement observer qu'il n'y avait que trente soldats : — Et les Français, dit en jurant l'officier, les prends-tu pour des chiens ? — C'était un beau trait, et pourtant je n'en fus pas touché autant qu'aurait dû l'être un prisonnier affamé comme j'étais. D'abord, cette générosité s'exerçait aux dépens des pauvres paysans, et puis j'avais encore sur le cœur la scène de l'agneau égorgé.

Ce ne fut que le troisième jour, comme je vous

l'ai dit, que nous rejoignîmes les camarades pris comme nous dans cette malencontreuse journée de la Coronata. Nous nous trouvâmes alors au nombre d'environ 300, dont trente-quatre de ma demi-brigade. Triste spectacle que celui de ces braves soldats, naguère triomphants et qui n'avaient succombé que sous le nombre, se traînant pâles, exténués, réduits à un état complet de dénuement !

Le 3 mai, nous arrivâmes à Alexandrie, où l'on nous garda jusqu'au 8. Là, nous touchâmes non-seulement la ration de pain, mais la demi-solde allouée aux prisonniers, c'est-à-dire trois sous pour les soldats, quatre sous et demi pour les caporaux, et ainsi de suite. Cet incident financier nous fut d'autant plus agréable, que depuis long-temps nous ne recevions rien de la République. Ainsi, il m'a fallu être prisonnier de guerre, pour commencer à recevoir la solde de mon grade !

A cela près, nous étions fort mal à Alexandrie. On nous avait entassés au nombre de 300, plus nos trente gardiens, dans un local des plus exigus. Le réduit où je couchais avec six autres n'avait que sept pieds de large sur cinq et demi de long. Nous avions donc tout juste chacun un pied, en largeur, dans ce lit de vraie douleur, où nos têtes et nos pieds touchaient la muraille ; des pierres plus ou moins raboteuses faisaient office d'oreillers. D'infâmes gargottiers nous apportaient je ne sais quelles ratatouilles dont l'odeur et la vue soulevaient le cœur, et il fallait bien s'en contenter. On ne sortait que sous escorte, et les permissions ne s'obtenaient que très difficilement. Sous le rapport des sorties, j'étais le plus favorisé, grâce à ma blessure ; on me conduisait tous les jours à l'hôpital pour le pansement. Comme les chairs seules étaient atteintes, la plaie fut bientôt en voie de guérison. Après notre départ d'Alexandrie, je pus me panser moi-même, grâce à la petite pharmacie dont m'avait gratifié un jeune chirurgien, Français d'origine et de sentiments.

Primitivement, nous devions être acheminés de suite dans les provinces autrichiennes, et ne pas séjourner à Alexandrie. Heureusement nos ennemis étaient plus que jamais pressés d'opérer sur une vaste échelle l'échange des prisonniers, avant l'arrivée de la nouvelle armée française, dont l'existence n'était plus du tout problématique. Ils attendaient d'un jour à l'autre, un premier convoi de mille prisonniers, lequel devait être suivi de dix-

neuf autres semblables, destinés à être échangés,
l'un après l'autre, contre un nombre égal de cap-
tifs autrichiens, en route aussi vers la frontière.
On avait prévu que ces convois successifs laisse-
raient, comme il est arrive toujours, un certain
nombre d'hommes en arrière, et l'on nous gardait
à Alexandrie pour combler le premier déficit. Le
premier convoi qui arriva le 7 mai dans cette
place ne comptait plus justement que 700 hommes.
On nous y incorpora aussitôt, et le 8, nous prîmes
la route de France, enchantés d'un arrangement
qui accélérait notre retour dans la patrie...

Je ne me souviens plus du nom de notre premier gîte, mais jamais je n'oublierai le colloque
fort inattendu que j'eus, à la halte suivante, avec
un prisonnier appartenant à cette 21ᵉ demi-brigade, dont le nom me rappelait l'aventure la plus
désagréable de ma vie (1).

Nous faisions cette halte sur la route même. Les
plus ingambes d'entre nous allaient et venaient,
les autres étaient couchés par terre, ou assis dans
les fossés : je figurais parmi les promeneurs. J'a-
vise, dans un fossé, un homme aussi déguenillé

____

1. V. ci-dessus, lettres 13 et 14.

que moi. En le regardant machinalement, j'aperçois d'abord, sur son reste d'habit, de vieilles at-
taches d'épaulettes, plus deux ou trois boutons
encore fidèles au poste, sur lesquels je distingue
le chiffre xxi. Je m'approche alors tout à fait, et
reconnais mon homme.

« — Permettez, lui dis-je, vous êtes un officier de
la 21ᵉ ? — Oui. — N'êtes-vous pas capitaine ? —
Oui. — N'est-ce pas vous qui commandiez, il y a
bientôt deux ans, un détachement de cinquante
hommes traversant la Champagne ? — Oui. —
Alors, vous devez vous rappeler qu'en passant à
Saint-Dizier, un de vos soldats émit de la fausse
monnaie ; et que, deux jours après, quand la justice vint réclamer le coupable, vous avez jugé à
propos de faire arrêter, de laisser injurier par vos
hommes et d'injurier vous-même un militaire qui
voyageait isolément, et auquel vous n'aviez nul
motif d'infliger une pareille avanie ! — Je ne me
rappelle pas cette circonstance. — Eh bien ! moi,
je me la rappelle ! — Après tout, c'est possible. —
Oui, très possible, et très certain même ; car ce
militaire, c'est moi. Je ne m'attendais pas plus
que vous à cette rencontre. Mais, puisqu'elle se
présente, j'use du droit qu'elle me donne, de vous

dire en face, que votre conduite, à Vignory, a été celle d'un homme indigne d'être officier... » Et je lui tournai le dos...

Nous restâmes plusieurs jours à la Vénerie, château de plaisance des rois de Sardaigne, où j'avais déjà stationné en revenant de Mantoue. Le 15 mai, nous étions à Saint-Ambroise dans la vallée de Suze; le 16 à Bussolino.

Déjà l'armée de réserve française commençait son mouvement dans les Alpes. A peine arrivés à Bussolino, nous entendîmes une fusillade dans la montagne, et les Autrichiens s'empressèrent de nous faire retourner en arrière, à notre grand regret. Ils craignaient quelque tentative d'évasion. Heureusement pour nous, ce n'était qu'une rencontre de patrouilles, et bientôt ou nous ramena sur Bussolino, où nous passâmes la nuit. Le 17, nous avançâmes jusqu'à Salbertrand, dans la vallée d'Oulx. Nous touchions aux termes de nos maux, mais aussi nous étions à bout de forces. Je n'oublierai jamais qu'au moment où nous passions au pied du fort d'Exiles, la faim nous torturait à tel point, que nous nous précipitâmes, moi et beaucoup d'autres, dans une source où nous avions de l'eau jusqu'à la ceinture, pour y dévorer du cresson. Plus loin, l'un de nous, tourmenté par la soif, s'était couché à plat ventre près d'un des aqueducs de la route pour boire à son aise. Comme il restait bien longtemps immobile ainsi, je lui parlai, j'essayai inutilement de le relever. Il retomba comme une masse inerte ; tout était fini ! Cruelle chose que d'expirer ainsi de fatigue et de faim, au seuil de la patrie ! Mieux eût valu sans doute succomber en la défendant sur un champ de bataille ! En réalité pourtant, c'est presque la même chose, et ces épreuves obscures ont bien leur mérite. Ce pauvre soldat n'était-il pas, lui aussi, un martyr du devoir ?

Ce fut à Salbertrand qu'eut lieu, le lendemain 18, l'échange de ce premier millier de prisonniers français contre pareil nombre d'Autrichiens. Nous filâmes aussitôt vers le mont Genèvre et Briançon, Il était temps, car, à quelques portées de fusil de Salbertrand, nous rencontrâmes les premières troupes françaises qui descendaient dans les vallées du Piémont. Ce mouvement a même retardé la délivrance des pauvres prisonniers qui nous suivaient, et qu'on a fait rétrograder en toute hâte, quand ils touchaient comme nous au port.

Les Autrichiens savent aujourd'hui que notre armée de réserve n'est pas une chimère, comme le croyaient ou feignaient de le croire ces officiers (français, hélas !) de la Coronata !

XXXIII

Mende, 14 Juin 1800.
(27 prairial, an VIII).

Me voici donc au terme d'un nouveau voyage assez long, et qui, malgré la belle saison et le beau temps, n'a pas laissé d'être pénible sous plus d'un rapport. Ma santé, par bonheur, a résisté à ces épreuves multipliées. J'étais arrivé ici sous la livrée d'une misère dont vous vous feriez difficilement l'idée. Mais cette misère a déjà disparu en partie; bientôt il n'en restera plus que l'honorable souvenir.

Rentrés en France dans le dénuement le plus complet, nous espérions recevoir quelques effets d'habillement en arrivant à Briançon, mais le peu qui s'en trouvait dans les magasins à l'avénement du Consulat avait été absorbé par l'équipement de la nouvelle armée d'Italie. Il fallut faire à

la patrie ce dernier sacrifice ; traverser notre
propre pays sans linge ni chaussures. Voilà l'état
de détresse inconcevable, auquel les dilapidations
du Directoire avaient réduit nos armées [1].

Les prisonniers rentrés ayant reçu l'ordre de
se diriger sur leurs dépôts respectifs, nous partîmes de Briançon le 21 mai pour Avignon, sous
la conduite du plus ancien caporal. Notre officier
avait sans doute obtenu la permission d'aller se
reposer dans sa famille. Dans la triste situation
où nous étions, cet abandon nous fut fort sen-
sible, et aggrava les ennuis du voyage. J'étais
chargé temporairement des fonctions de fourrier, assez difficiles à remplir en pareille con-
joncture, à cause du mauvais vouloir d'un grand
nombre d'habitants fatigués de la charge des logements militaires, et aussi de la dureté des agents
du gouvernement, avec lesquels j'eus parfois d'as-

---

1. Tous les généraux avaient signalé énergiquement, mais
en vain, cet état de choses au Directoire. Au retour de la
malheureuse campagne de 1799, où il avait été grièvement
blessé, le général Lefebvre écrivait au directeur Merlin: « Je
suis *enfin blessé*, mon cher directeur !... Ffappez, punissez les
fournisseurs d'habillements ; ce sont eux nos plus impla-
cables ennemis ; ce sont les éclaireurs des Russes. » (Lettre
du 14 germinal an VII.)

sez sérieux démêlés. Abîmés comme nous l'étions, de souffrance et de misère, nos hôtes, souvent, croyaient nous faire encore beaucoup d'honneur en nous concédant quelque coin de leur logis avec un peu de paille. D'autre part, les employés de l'administration militaire, nous voyant sans chef et sans défense, nous traitaient comme des nègres.

Vous ne serez peut-être pas fâché d'avoir le détail de mon costume de voyage. Le voici dans toute sa splendeur :

Un vieux chapeau, très imparfaitement recouvert de quelques débris de toile cirée. Une mauvaise capote verte, percée de deux trous de balle à l'épaule gauche, et encore imprégnée du sang qui avait coulé le long de la manche; cette manche pendante, attendu que j'avais encore le bras en écharpe. Un reste de gilet à raies, au-dessus duquel apparaissait le haut d'un fragment de chemise crasseuse. Absence totale de cravate, toutes celles que j'avais ayant passé en acquisitions de denrées pendant le siège de Gênes. Un pantalon bleu râpé à outrance, sans doublure, et sous lequel je n'avais aucun autre vêtement, toute la partie inférieure de la chemise manquant à l'appel. Enfin, des souliers troués, dont l'un n'avait plus que la semelle, que j'assujettisais de mon mieux à l'aide d'une corde rattachée sur le cou-de-pied, appareil qui me gênait et me fatiguait horriblement dans la marche.

Partis de Briançon le 21 mai, nous n'atteignîmes que le 1ᵉʳ juin Avignon, où nous espérions trouver la fin de nos misères. Nous eûmes la douleur d'apprendre, en arrivant, que notre dépôt était parti de cette ville pour Aix. Il fallait se remettre immédiatement en route ! Cependant, pensant que nous avions bien quelques titres à la bienveillance de l'autorité militaire, sinon à sa justice, je ne voulus pas partir sans avoir fait une démarche afin d'obtenir pour mes malheureux camarades et pour moi, quelques vêtements, linges et chaussures. J'adressai ma requête par écrit au général commandant la division, que je connaissais un peu, en lui avouant que je n'osais aller la lui présenter en personne, à cause du délabrement par trop excessif de mon costume. J'aime à croire que ma lettre ne lui aura pas été remise en temps utile ; elle n'obtint pas l'honneur d'une réponse.

Nous quittâmes bien tristement Avignon le même jour. Le 4 nous étions à Aix, et nous y apprenions que l'insaisissable dépôt de la 106ᵉ venait de repartir, pour aller tenir garnison à Mende. Je réclamai encore à Aix quelques effets, mais sans plus de succès. Il était écrit que nous viderions la coupe de la misère jusqu'à la lie.

Nous recevions régulièrement nos vivres, mais c'était trop peu pour des hommes qui avaient tant souffert de la faim, et dépourvus de toutes ressources pécuniaires. Je crus donc pouvoir profiter des règlements militaires pour augmenter nos moyens d'existence, en maintenant sur mon bordereau, pendant trois jours, les hommes que nous laissions malades en route. Cela nous valait quelques rations et billets de logement en plus, dont bénéficiaient les autres. Néanmoins, nous avions un tel arriéré à combler en fait de nourriture, qu'on restait toujours sur son appétit.

Le 9 juin, nous entrions dans Nîmes par une très forte chaleur. Je laissai mes camarades couchés sur le pavé, et courus au bureau du commissaire des guerres, pour m'y mettre en règle et toucher nos rations. Midi sonnait à une horloge voisine, au moment où j'ouvrais la porte du bureau, et me heurtais contre le commissaire sortant pour retourner chez lui. — Un instant, je

vous prie. — Il est midi ; revenez à trois heures.
— Mais l'horloge sonne encore! — A trois heures !
— Mais mes pauvres camarades meurent de faim !
— Retirez-vous ! — Quoi ! des gens exténués de
fatigue et de misère ! ce n'est pas possible. —
Retirez-vous, ou je vous fais coffrer! et il s'en
alla. Mes camarades étaient au désespoir, et mau-
dissaient énergiquement le commissaire de la République, et la République elle-même. J'allai à la
mairie, où j'obtins les logements, ce qui nous aida
à passer les trois mortelles heures. Puis je retournai voir mon commissaire, qui me reçut un peu
moins mal que la première fois. — « Oh ! si vous
aviez su d'où nous venions, lui dis-je alors, et ce
que nous avons souffert, et dans quel état nous
sommes ! » J'ajoutai que la plupart de mes
hommes ne pouvaient plus marcher, et réclamai
deux voitures à trois colliers jusqu'à Mende, ce
qu'il m'accorda sans difficulté.

Comme nous pouvions, à la rigueur, nous contenter d'une seule voiture, je traitai avec le four-
nisseur pour une voiture en nature, et l'équivalent de l'autre en argent. Mes hommes goûtèrent
fort cet arrangement. Pendant les derniers
quatre jours de route, les plus fatigués montaient

à tour de rôle dans la charrette fournie; et, à chaque étape, je distribuais entre tous l'argent de l'autre voiture. C'est ainsi que nous arrivâmes enfin à Mende, au nombre de dix-sept seulement, de trente-quatre que nous étions au départ d'Alexandrie...

Nous sommes ici l'objet des soins les plus empressés de nos excellents camarades, enchantés de revoir des frères longtemps absents, et victimes de ce qu'il y a de plus affreux dans les calamités de la guerre; la captivité, la misère et la faim.

XXXIV

Peu de jours après mon arrivée ici je reçus enfin des nouvelles de ma famille, dont j'étais absolument privé depuis Gênes. On avait été longtemps et cruellement inquiet de mon sort ; le siège, ma captivité, puis l'incertitude de notre marche avaient mis pendant six mois tous les moyens de correspondance en défaut.

Pendant les premiers temps, j'ai dû m'occuper sérieusement de ma santé. Il ne s'agissait pas de ma blessure, parfaitement cicatrisée, mais d'un *ennemi* que je portais sur moi, et qui avait trouvé le moyen de dissimuler sa présence, parmi ceux dont j'étais simultanément accablé. Celui-là *tenait* encore, après que tous les autres eurent disparu ; battu sur un point, il reparaissait sur un autre. Il fallut l'assiéger dans toutes les règles, lui livrer des assauts vigoureux et multipliés. Il céda enfin, et je pus procéder en toute sécurité à la restauration, ou plutôt à la rénovation complète de mon modeste équipement.

Il y a longtemps que je ne vous ai rien dit des localités où je vivais, si cela peut s'appeler vivre. C'est qu'à vrai dire, je n'ai eu guère le temps de rien voir depuis six mois. Ainsi je ne connais bien de Gênes que ses fortifications, et non l'intérieur de la ville, dont j'ai seulement parcouru à la hâte quelques quartiers où m'appelaient des affaires de service. C'est à peine si j'ai eu le temps d'entrer dans quelques églises, seulement pour y faire un bout de prière.

Depuis ma captivité, je n'ai fait qu'entrevoir, en Italie, les cimes stériles de l'Apennin, et les plaines fertiles du Piémont. Dans les villes et les bourgades, nous n'avions d'autres perspectives que les murs des galetas où l'on nous enfermait pour la nuit...

L'aspect de Briançon, à notre extrême frontière, est on ne peut plus pittoresque. On dirait une cascade de fortifications, échelonnées les unes au-dessus des autres. Mont-Dauphin est un rocher

admirablement fortifié, au-dessus du débouché
de la Guillestre, dans la vallée de la Durance ;
Embrun une petite ville assez triste, dont les
maisons semblent collées contre des rochers...
Gap est heureusement situé au point de jonction
de plusieurs vallées, sur un sol fort accidenté ;
l'intérieur de cette ville est assez animé. Sisteron, que je ne connaissais que trop déjà pour y
avoir été retenu pendant huit jours l'année dernière, est une infâme bicoque au fond d'un entonnoir. C'est là que nous avons été le plus mal
accueillis, pendant notre triste pèlerinage. Forcal-
quier, qui projette dans une gorge étroite ses rues
sales et mal pavées, offre pourtant un ensemble
assez imposant, grâce aux ruines de son château-
fort... Préoccupé des souffrances de mes camarades, j'ai traversé Avignon et Aix sans presque
les regarder, et n'ai aperçu que de loin, à Nîmes,
les fameuses Arènes. De Nîmes à Mende, le pays
est pauvre et très accidenté, mais ces montagnes
n'offrent pas le caractère grandiose des hautes
Alpes.

Mende n'offre de remarquable que sa cathédrale, dont les magnifiques clochers se voient de
très loin... Cette ville n'a pas d'autre garnison que
notre dépôt, fort de 300 hommes. Il se compose

des blessés, des malades, et des prisonniers de guerre rentrés, qu'il fallait bien envoyer là, puisque les communications avec la demi-brigade étaient interceptées. C'est ici que nous avons appris les grandes nouvelles; l'honorable capitulation de Gênes et la victoire de Marengo, suivie d'une suspension d'hostilités qui pourrait bien conduire à la paix... [1].

La plupart des soldats du dépôt seraient présentement en état de rejoindre leur corps. Mais, outre que plusieurs attendent leur congé, notre petite garnison ne pourrait être diminuée sans inconvénient dans les circonstances actuelles. Son service, en effet, ne se borne pas à la ville; il s'étend à tout le département, dont certaines parties sont encore infestées de brigands, contre lesquels il faut tenir incessamment en campagne une ou plusieurs colonnes mobiles. Ce brigandage trop longtemps impuni est un des fruits du triste régime sous lequel la France a si longtemps gémi. La ville elle-même a besoin d'une surveillance active; nos patrouilles et nos postes de nuit ont leurs armes chargées...

1. V. appendice (H.)

Comme je ne sais pas rester inoccupé, j'emploie les loisirs que me laisse mon service à lire, à écrire, et à donner des leçons de grammaire et de calcul aux camarades qui m'en demandent. J'ai même l'honneur de compter parmi mes élèves un de nos chefs de bataillon, blessé, convalescent...

P. S. — Depuis quelques jours, on parle du prochain départ d'un détachement de notre dépôt pour l'armée. Le caporal, mon ancien compagnon de captivité, demande à partir, et je me décide à suivre son exemple. J'ai réfléchi que je n'avais rien à gagner ici, tandis qu'en retournant en Italie, je puis obtenir soit de l'avancement dans mon corps, soit un emploi qui améliorerait encore plus radicalement ma position. Je sais qu'un officier-général, présentement employé dans l'armée d'Italie, me porte un vif intérêt. Si je parviens à le joindre, nul doute qu'il ne fasse tout ce qui dépendra de lui pour m'être utile.

XXXV

Crémone, 27 septembre 1800.

(8 vendémiaire an IX.)

Après tant de vicissitudes et de souffrances, supportées, j'ose le dire, avec quelque courage, mon existence à Mende était relativement heureuse, mais précaire et sans avenir. Il était absolument nécessaire pour moi de retourner en Italie, soit pour avancer en grade, si la guerre continuait, soit pour aviser aux moyens de me retirer du service, si elle venait à finir. Je demandai donc, et j'obtins de faire partie du détachement qui allait rejoindre le corps.

Le 23 août donc, nous partîmes de Mende pour Turin, où de nouveaux ordres devaient régler notre direction ultérieure.

Quand je comparais ce voyage aux deux précédents; notre allure presque triomphale aux épreuves passées, je bénissais la divine Providence de ce revirement de fortune, qui semblait présager un avenir encore plus heureux. Cette fois nous étions bien vêtus, bien équipés, accompagnés d'une voiture plus que suffisante pour les gros bagages. Nous pouvions y mettre nos sacs, et cheminer allègrement avec nos seuls fusils, fardeau insignifiant pour des soldats rompus comme nous l'étions à la fatigue des charges de campagne. Enfin, nous eûmes constamment un temps magnifique. Il n'en fallait pas tant pour égayer ce voyage, qui d'ailleurs n'offrit aucun incident fâcheux.

Le deuxième jour, entre Langogne et le Puy, nous franchîmes un ruisseau auquel je n'aurais fait aucune attention, si un paysan ne nous avait appris que ce filet d'eau que nous enjambions était la Loire... Après avoir traversé les départements de la Haute-Loire et de l'Ardèche, nous passâmes le Rhône en barque, le 29 août, pour venir à Saint-Vallier. Le lendemain, nous suivîmes la grande route de Lyon à Marseille, toujours en vue du fleuve, jusqu'à la hauteur de Tain ou de Tournon. Laissant à droite ces deux villes riveraines, dont l'ensemble présente un coup d'œil fort agréable, nous prîmes à gauche le chemin de Romans, qui nous conduisit à travers les vignobles fameux de l'Hermitage. Cette fois nous ne fûmes pas accueillis à coups de perche, comme nous l'avions été en 1793 en traversant des vignes, lors de mon premier départ pour l'armée. Loin de là, les paysans nous invitaient gracieusement à goûter le raisin de leur magnifique coteau. De Romans, petite ville entourée de charmants paysages, nous nous dirigeâmes par Saint-Marcellin et Moirans sur Grenoble où nous eûmes séjour, et de là sur Briançon par le Haut-Dauphiné. A partir de Gap, nous nous retrouvions sur la route que nous avions parcourue, trois mois auparavant, dans des conditions bien différentes, ce qui me rappela le mot célèbre de Bossuet : « Quel état ! et quel état! »

De Briançon, nous allâmes, le 13 septembre, coucher à Oulx, après avoir franchi le mont Genèvre, où j'avais naguère passé sans le voir, à demi mort que j'étais de fatigue et de besoin, mais dont j'admirai cette fois les rampes majestueuses. En traversant la vallée, je donnai un souvenir à mon pauvre camarade de captivité, tombé là pour ne plus se relever. Le 14, nous étions à Suze, que je n'ai pas vu beaucoup plus cette fois que les précédentes; le 15 à Avigliana, petit ville enfouie si profondément dans les montagnes, que l'on a peine à la découvrir. Le lendemain 17 septembre, nous traversâmes Rivoli de Piémont, d'où une avenue grandiose conduit en droite ligne à Turin, qu'on aperçoit de trois lieues, au milieu d'un amphithéâtre de collines verdoyantes. Cette fois; j'ai pu visiter assez en détail cette ville, l'une des plus belles de l'Italie. Elle est surtout remarquable par la régularité et l'aspect majestueux de ses rues. Le palais du roi n'a rien de remarquable·à l'extérieur, mais il renferme de magnifiques appartements. Les jardins sont charmants, mais trop resserrés par les fortifications.

De Turin, où nous reçûmes notre ordre définitif pour Bozzolo près Mantoue, nous nous dirigeâmes sur Milan, par Verceil, Novarre, place forte entourée de rivières qui en rendent le séjour fort malsain, et Magenta, petite bicoque assez désagréable. Le 23 septembre, en arrivant à Milan, j'appris que l'officier-général que je désirais rencontrer était précisément sur notre route, à Crémone où nous fîmes étape trois jours après. J'allai aussitôt le voir et j'en reçus le meilleur accueil. Il n'ignorait pas combien j'avais souffert, et désirait beaucoup m'être utile. Il avait été chargé de l'échange des prisonniers après l'armistice de Marengo, et aurait pu m'employer alors; mais cette mission était terminée. En attendant mieux, il me proposa de rester près de lui comme secrétaire, ce que je m'empressai naturellement d'accepter. Il me dicta alors séance tenante une lettre adressée au lieutenant commandant le détachement dont je faisais partie, pour le prévenir qu'il me gardait, prenait sur lui la responsabilité de mon absence momentanée, et se réservait d'en écrire directement au chef de la 106ᵉ demi-brigade.

On me donna un logement de sergent-major, où je m'installai de suite. J'allai le soir même faire la remise de mon armement, faire mes adieux et offrir quelques rafraîchissements à mes camarades. Je leur souhaitai un reste de bon voyage, et leur promis d'aller visiter, aussitôt que je le pourrais, notre chère demi-brigade. Elle est présentement cantonnée à Bozzolo, entre Crémone et Mantoue.

Je me suis présenté ce matin chez le général. Il m'a dit que ses états étaient clos, et que pour le moment il n'avait d'autre ordre à me donner que d'aller me reposer et de me tenir prêt à le suivre.

Il doit aller en effet, sous peu de jours, prendre le commandement d'une brigade destinée à prendre une part active aux opérations, si elles recommencent prochainement, ce qui est, dit-on, assez probable.

XXXVI

Guastalla, 6 novembre 1800.
(16 brumaire an IX.)

Je ne suis resté à Crémone que cinq jours, tout juste le temps de pourvoir à l'augmentation obligée de mon modeste équipement. Crémone est une ville déchue, bien trop vaste pour le nombre actuel de ses habitants. Aussi ses rues « pleurent leur solitude », suivant la belle expression de Jérémie ; dans plusieurs quartiers, on peut cheminer longtemps sans rencontrer une âme.

Nous avons quitté, le 2 du mois dernier, cette morose cité pour nous rendre à Guastalla d'où je vous écris. Le premier jour, nous allâmes coucher à Casal-Maggiore, ville à laquelle sa belle position sur le Pô donne de loin un certain air d'importance, mais qui en réalité est peu de chose. Devenu une espèce de personnage, j'avais une bonne voiture à ma disposition. Mais, attendu que, Dieu merci, les *grandeurs* ne me montent pas à la tête, que le temps était beau, et que je tiens à ne pas perdre l'habitude de la marche, j'ai préféré faire la route à pied. J'ai pu mieux voir ainsi les belles et riches campagnes qui s'étendent de Crémone à Parme et au delà. Ces terres n'ont rien perdu de leur fertilité, depuis l'époque où elles étaient distribuées comme récompense aux vétérans des armées romaines.

Plus nous avancions du côté de Parme, plus je m'applaudissais d'avoir voulu faire à pied cette promenade. Les environs immédiats de cette ville sont surtout délicieux ; ce n'est, pour ainsi dire, qu'un seul et vaste jardin parsemé de vergers et de bosquets, rafraîchi par une multitude de ruisseaux, et borné à l'horizon par des croupes boisées, gracieusement ondulées. La ville, où nous passâmes la nuit, est grande et belle, mais un peu triste ; là aussi, on sent la décadence. Moins heureux que je n'avais été à Turin, je ne pus obtenir d'entrer dans le palais ducal.

Nous arrivâmes le 4 d'assez bonne heure à Reggio de Modène. J'eus l'agréable surprise d'y trouver ma demi-brigade, que je croyais encore à Bozzolo. J'allai aussitôt saluer les officiers dont j'étais plus particulièrement connu, à commencer par le chef. Celui-ci me reprocha, mais avec un sourire bienveillant, la préférence que j'avais donnée au général ; ajoutant qu'il ne me tenait pas quitte, et se réservait de pourvoir quelque jour à mon avancement. De son côté, le général me dit le soir même, qu'il avait eu de la peine, en effet, à obtenir mon détachement en service extraordinaire ; mais que je pouvais être tranquille à cet égard ; que ce qu'il tenait, il le tenait bien, et qu'il ferait en sorte d'arranger finalement mes affaires à mon entière satisfaction.

J'avais été voir aussi mes anciens camarades. Mes grandes affaires étant ainsi terminées, ou du moins en bon train, j'allai avec mes amis les plus intimes prendre un modeste repas dans une *Osteria*. Cette fantaisie assurément bien innocente, faillit avoir pour nous, et pour moi en particulier, les plus fâcheuses conséquences.

Nous nous trouvions dans la même salle que sept ou huit militaires de la 40ᵉ, tous sous-officiers comme nous, qui y étaient déjà attablés depuis assez longtemps. Nous ne les connaissions pas, et

13.

n'avions eu d'autre rapport avec eux, que le salut
que nous avions échangé en entrant. Nous causions en famille, dans notre coin, des derniers
événements de la guerre, particulièrement de la
défense de Gênes et de la bataille de Marengo...
Nous disions que, par notre défense opiniâtre,
qui avait retenu longtemps devant Gênes plus
de 50000 ennemis, nous avions facilité les manœuvres de l'armée consulaire, et contribué
au succès de la mémorable journée du 14 juin.
C'était apparemment en trop dire, en présence
d'hommes appartenant à un corps dont la conduite sur le champ de bataille de Marengo avait
été véritablement on ne peut plus honorable, et
que de copieuses libations rendaient sans
doute plus susceptibles. — « Et nous, n'avons-
nous donc rien fait ? s'écrièrent-ils d'une commune voix en dégainant... Il ne fallut rien moins
que tout le sang-froid, dont nous avions heureusement l'avantage sur eux, pour apaiser cet orage.
— Oh non ! répondit l'un de nous ; nous n'avons
nullement prétendu déprécier votre gloire ! Nous
savons tous qu'à Marengo la 40e a rendu un éminent service par sa résistance héroïque à plusieurs
charges de cavalerie. Nous eussions été les

premiers à proclamer, à l'occasion, la bravoure de la 40e. Mais pouvions-nous, retrouvant des camarades dont nous avions été longtemps séparés par les chances de la guerre, ne pas nous entretenir de ce qui s'est passé aussi sous le canon de nos fusils? Oui certes, la 40e a fait brillamment son devoir, mais la 106e a aussi fait le sien!... Eh bien! puisque nous sommes tous des braves, vivons en frères, et conservons nos armes et notre sang pour la patrie!... » Messieurs de la 40e parurent se calmer un peu, et l'on but ensemble à la santé des deux corps. Mais je vis bien que les têtes s'exaltaient de plus en plus, et que l'harmonie, momentanément rétablie, pourrait bien être troublée de nouveau par quelques propos indiscrets, relevés trop vivement. Je conseillai donc tout bas, à mes camarades de payer notre carte, de proposer un dernier toast à ces Messieurs, et de nous retirer de suite. C'était, je crois, ce qu'il y avait de mieux à faire ; en agissant ainsi, nous avons évité un conflit qui, semblant toucher à l'honneur des deux corps, eût sans doute donné lieu à plusieurs duels, et compromis gravement ceux qui y figuraient au début. Telles peuvent être les déplorables conséquences des récréations les plus inoffensives, quand on va les prendre dans des lieux publics.

Nous nous remîmes en route le 5 pour Guastalla, où mon patron a présentement son quartier général. J'y suis logé chez un chanoine, avec le titre et les rations d'officier. Mais je n'ai pas à m'occuper de mon ordinaire, car mon hôte m'a déclaré, dès le premier jour, qu'il se chargerait volontiers de faire prendre mes rations, dont je pourrais disposer à mon gré, mais que je n'aurais pas d'autre table que la sienne. Naturellement, je laisse mes vivres à la disposition de ce digne ecclésiastique, qui ne peut en faire qu'un excellent usage. Il a chez lui, par suite des événements de la guerre, une famille assez nombreuse, dont je n'ai qu'à me louer à tous les points de vue.

Mon grade de caporal n'étant en rapport ni avec ma nouvelle position, ni avec les relations qu'elle peut me créer, le général m'a conseillé de prendre l'habit bourgeois. Au reste, dans l'état de paix provisoire où nous sommes, le quartier général me donne peu de besogne. Quelques lettres que le général me dicte ou me donne à faire en m'en indiquant le sujet, puis des extraits de mémoires stratégiques sur les anciennes guerres d'Italie : telle est, pour le moment, ma seule occupation, qui me prend tout au plus cinq ou six heures par jour. Le reste est consacré à la lecture et à la promenade. Quant aux soirées, je les passe presque toutes chez mon chanoine, à l'exception de celles des dimanches, où le général reçoit les officiers de sa brigade et les notables de la ville.

Guastalla est une petite ville bien bâtie, et sur un plan régulier. Elle n'a pas de promenades proprement dites ; il faut aller fort loin pour trouver quelque prairie ou quelque bouquet de bois. Je me borne le plus souvent à me promener autour des fortifications, passablement délabrées, ou même dans l'intérieur de la ville, notamment sur la principale place. On y vend toute espèce de comestibles en plein air, suivant la coutume italienne, ce qui donne lieu à quelques singularités assez plaisantes, ou du moins qui nous semblent telles, à nous autres Français. Ainsi, tous les vendredis matin, j'y vois bon nombre d'ecclésiastiques à figure vraiment vénérable, qui viennent faire leur marché, et se font peser divers comestibles maigres, du fromage surtout, qu'ils emportent enveloppé de papier dans leurs larges poches. Tout cela se fait, de la part des vendeurs aussi bien que des acheteurs, comme la chose du monde la plus naturelle.

La cathédrale, dont le portail donne sur cette même place, n'est ni grande, ni bien décorée. Je ne vois du reste ici que de toutes petites églises, d'ailleurs fort proprement tenues.

Maintenant, resterons-nous encore longtemps à Guastalla? Je ne le pense pas; car, malgré ses derniers revers, le cabinet de Vienne semble affecter encore des prétentions tout à fait incompatibles avec les indemnités auxquelles nos sacrifices et la victoire nous donnent droit. De là, sans doute, ces concentrations de troupes, qui s'opèrent presque sous nos yeux; cette réserve de langage qui nous est sévèrement recommandée à propos des mouvements militaires, et des taquineries d'avant-postes dont nous avons eu déjà fréquemment à nous plaindre. Je ne serais pas surpris qu'il fallût encore une leçon à Messieurs les Autrichiens, pour les mettre tout à fait à la raison. Je désire me tromper ; mais, s'il le faut, nous ferons encore la guerre !

XXXVII

Lonato, 1er décembre 1800.

(11 frimaire an IX.)

Ce que je craignais, mon cher ami, est déjà en pleine voie d'accomplissement. Bien qu'abandonnée par la Russie, l'Autriche se refuse à de nouvelles concessions. Elle compte pour rien nos immenses succès de la dernière campagne, les pertes énormes qu'elle y a éprouvées. Elle veut tenter un dernier effort pour nous arracher l'Italie, ou du moins y restreindre notre domination, de manière à compromettre notre ligne du Rhin au Tyrol, évidemment impossible à garder sans l'occupation des versants est et sud de la Suisse, et la possession du cours de l'Adige. Il faut donc encore en découdre.

Chaque jour, les Autrichiens devenaient plus exigeants, plus insolents et violaient sans scrupule l'armistice. Des vexations de tout genre étaient exercées sur les habitants inoffensifs des territoires occupés par nos troupes. Tout récemment encore, le commandant de Mantoue avait refusé de faire justice d'un guet-apens commis par un poste de ses troupes, sur un pauvre batelier, employé à nos approvisionnements. C'était, de tout point, un état violent qui ne pouvait pas durer. Nous apprîmes bientôt que l'armistice allait être rompu, et, le 16 du mois dernier, nous avons reçu l'ordre de nous porter en avant.

C'était précisément un dimanche, jour de réception à la brigade. Vers cinq heures le général me fit appeler et me dit : « Nous avons du nouveau. L'armistice est rompu ; nous n'avons que demain pour faire nos dispositions ; il faut être en route mardi matin. Je ne veux pourtant pas contremander ma soirée, et empêcher nos officiers de s'amuser une dernière fois. Prenez cette dépêche, mettez-la dans votre bureau, puis venez comme de coutume à la soirée. Vers onze heures, vous sortirez, et me rapporterez aussitôt la dépêche, comme si elle arrivait. »

L'apparition du pli mystérieux mit l'assemblée en émoi ; tous les officiers se précipitèrent pour savoir de quoi il s'agissait. « Rien ne presse, dit tranquillement le général, vous pouvez continuer. » On termina donc la contre-danse interrompue ; mais, comme vous pensez bien, ce fut la dernière. Puis on fit cercle autour du général, qui lut tout haut la dépêche. « Tant mieux ! » fut le cri unanime, et chacun prit aussitôt congé.

Nous partîmes de Guastalla le 18, bien avant l'aube, pour Casal-Maggiore. Le 19, nous allâmes à Rivarola où nous fîmes séjour, le général attendant des ordres qui n'arrivèrent que le 23. Il fut appelé à Brescia où se trouvait alors le général Brune, commandant en chef de l'armée. Mon patron était nommé chef d'état-major du corps d'armée d'avant-garde, dont le quartier général était installé à Lonato. Il est dans cette ville, et moi aussi par conséquent, depuis le 25.

Mon premier soin, en arrivant, a été d'organiser les bureaux. On a pris, à cet effet, le nombre nécessaire de sous-officiers dans les différents corps de l'avant-garde, et le général m'a confié la direction des travaux, et la surveillance du personnel.

Nous sommes assez mal à Lonato, qui n'est qu'une bicoque, désormais célèbre par un des coups de maître du général Bonaparte dans la campagne de 1796. Nous y sommes entassés les uns sur les autres; mais j'aurais mauvaise grâce à me plaindre, quand je vois mes pauvres camarades de la 106e mal vêtus, mal nourris, bivouaquant par un temps pluvieux et glacial, tandis que rien ne me manque, et que je passe les journées près du feu, et la nuit dans un bon lit !

J'ignore combien de temps nous resterons ici, mais je crois savoir que l'armée prendra l'offensive aussitôt que ses moyens seront prêts. En attendant, il y a de fréquentes escarmouches, et nous sommes toujours sur le qui-vive.

Notre corps ou lieutenance d'avant-garde se compose de deux divisions d'infanterie et d'une brigade de dragons, avec l'artillerie à pied nécessaire, et une compagnie d'artillerie à cheval : l'effectif total est d'environ 15,000 hommes. Nous observons le lac de Garde et le Haut Mincio.

XXXVIII

Sandria, 30 décembre 1800.
(10 Nivôse an IX.)

Le temps a été presque constamment pluvieux, pendant notre assez long séjour à Lonato. On s'y attendait, de jour en jour, à la reprise des hostilités. Mais le mauvais état des chemins, peut-être aussi d'autres motifs, ont retardé l'entrée en campagne, qui n'a eu lieu qu'après que les gelées ont eu raffermi le terrain.

L'ennemi, cependant, continuait ses bravades, tantôt sur les bords du lac de Garde, où il venait avec ses barques insulter nos avant-postes, tantôt sur d'autres points de notre ligne, où il était toujours vivement rabroué. Enfin, à la suite d'une sérieuse démonstration faite par lui, dans l'après-midi du 20 de ce mois, sur tout le front de notre avant-garde, elle a pris décidément l'offensive.

Le 21, elle s'empara de Desenzano, petite ville sur les bords du lac, à deux lieues au delà de Lonato. Ce premier succès fut suivi, le lendemain, d'une attaque générale contre l'avant-garde autrichienne, qui fut forcée sur tous les points, et rejetée au delà du Mincio. Il ne conserva, sur la rive droite, que la presqu'île de Sermione, en deçà de Peschiera, et il est complétement tenu en échec sur ce point par quelques bataillons français. Notre corps d'avant-garde alla le même jour s'établir tout près du Mincio, à Pozzolengo. J'y rejoignis le quartier général, dans la nuit du 23 au 24.

Le 25, notre aile droite franchit le Mincio au moulin de la Volta, entre Valleggio et Goito. L'ennemi eut beau porter une partie notable de ses forces sur ce point, il ne put expulser nos troupes de la rive gauche.

Pendant cette action, qui fut opiniâtre et meurtrière, presque tout le reste de l'armée française vint s'établir derrière Monzambano ; et franchit le Mincio, le lendemain 26, sur deux ponts de bateaux, au-dessus et au-dessous de ce village. Ce passage s'effectua sans beaucoup de résistance, attendu que la vigoureuse attaque de la veille avait entraîné l'ennemi à dégarnir son pont pour renforcer sa gauche, fort maltraitée dans cet engagement. Il croyait, d'ailleurs, que notre armée s'attacherait à la poursuite de ce premier avantage, qu'elle ne voudrait pas ou n'oserait pas tenter sérieusement le passage à Monzambano en face de ses lignes retranchées, qui s'étendaient depuis Salionza jusqu'au delà de Valleggio. Cette erreur fut en grande partie la cause de sa défaite.

Dès que l'ennemi fut informé du passage de notre armée à Monzambano, il hâta de rappeler l'élite de ses forces sur Valleggio, pour paralyser notre mouvement contre ses lignes par une attaque sur notre flanc droit. Alors quelques divisions françaises se déployèrent en face de Salionza, tandis que la plus grande partie de l'armée marcha sur Valleggio, pour faire tête aux assaillants. Le choc fut terrible, et le succès longtemps douteux. Plusieurs charges eurent lieu dans la ville même, qui fut plusieurs fois prise et reprise. Les Autrichiens cédèrent enfin à l'opiniâtreté de nos troupes et furent si vivement poursuivis, qu'il leur fut impossible de se rallier. Les châteaux de

Valleggio et de Borghetto, se trouvant complétement isolés par suite de cette déroute, furent
aussitôt attaqués et forcés de capituler. D'autre
part, les troupes autrichiennes qui défendaient les
lignes de Salionza, se voyant totalement abandon-
nées et cernées, se rendirent à discrétion le lendemain 27, au point du jour.

Tel a été le brillant début de cette campagne
d'hiver, et le succès prodigieux de ce passage du
Mincio, effectué par 60,000 Français en présence
de 80,000 Autrichiens couverts par ce fleuve,
occupant une position magnifique et fortement retranchée. La perte de l'ennemi est évaluée à
6,000 hommes tués et blessés et 8,500 prisonniers,
c'est-à-dire au quart de cette armée. Il nous a
laissé, en outre, trente pièces de canon, beaucoup
de matériel et plusieurs drapeaux. Notre perte,
bien que considérable, est bien inférieure à la
sienne.

L'armée autrichienne n'ayant pu nous arrêter
nulle part, s'enfuit en désordre au delà de l'A-
dige. La nôtre manœuvra, en conséquence, pour
prendre position sur ce fleuve, après avoir fait les
détachements nécessaires pour l'investissement
simultané de Mantoue et de Peschiera.

Nos bureaux, pendant le passage du Mincio, étaient installés entre les deux ponts de bateaux, dans une maison voisine du fleuve, si bien que nous entendions siffler les boulets tout autour de nous,sans relâche et de très près.J'avoue que cela nous occasionnait de fortes distractions ; et malgré le souvenir du calme imperturbable de Charles XII en pareille occurrence, nous n'avons à peu près rien fait de toute la journée. Dans l'après-midi du 27, nous quittâmes Mozambano pour Valleggio. Tout était encore en désarroi dans cette malheureuse ville, où l'on venait de se battre avec acharnement pendant plusieurs heures. Ne pouvant rien nous y procurer, nous poussâmes jusqu'à un hameau où je ne retrouvai pas, tant s'en faut, l'hospitalité du bon chanoine de Guastalla. Après un souper des plus vagues, nous fûmes heureux de découvrir quelques bottes de paille, sur lesquelles nous nous jetâmes tout habillés.

Le lendemain 28, nous allâmes rejoindre notre corps d'armée établi, ce jour-là, à Castelnuovo et Sandria. Le même jour, la cavalerie et les troupes légères se portaient sur l'Adige, en avant de Pastrengo, et sur les hauteurs voisines. Depuis ce temps, nous sommes campés à Sandria. Campés est ici le mot propre ! Nous travaillons où et comme nous pouvons, et nous couchons à terre, ou sur des chaises renversées.

Aujourd'hui, je suis allé revoir cette position fameuse de Pastrengo, où nous avions débuté il y a deux ans, par un succès partiel assez brillant, ce qui ne nous empêcha pas d'être ensuite complétement battus et chassés de l'Italie. Il n'en sera pas de même cette fois, je l'espère ! Le succès a été trop décisif, et la déroute de l'ennemi trop complète, pour qu'il lui soit possible d'en rappeler. Toutes nos troupes sont aujourd'hui en mouvement, et pressent vivement l'ennemi sur tous les points. Il est probable que nous ne resterons pas longtemps ici.

XXXIX

Trévise, 18 janvier 1800.
(29 nivôse an IX.)

Je reprends la suite des glorieuses opérations qui viennent de déterminer la conclusion d'un nouvel armistice. Le relevé sommaire que je vous envoie a été rédigé sur les rapports adressés à l'état-major. J'y joins quelques détails particuliers dont j'ai eu personnellement connaissance.

Nous étions arrivés à Sandria le 28 décembre dernier, et nos troupes avaient poussé jusqu'à l'Adige, mais le gros de l'armée était encore concentré entre et Villafranca, Castelnovo.

Le 19, l'armée autrichienne parut en bataille

---

1. C'est bien ce même Villafranca, devenu célèbre depuis, par la conclusion du traité de 1859.

14

en avant de Vérone. Cette démonstration n'eut aucun résultat, nos troupes étant alors occupées à manœuvrer sur différents points.

Le 30, une brigade de l'avant-garde se porta sur Rivoli, que l'ennemi évacua, après une courte et faible résistance.

Le 31, on fit les dispositions nécessaires pour le passage de l'Adige à Bussolengo. L'armée se rapprocha de Vérone.

Le 1er janvier, l'avant-garde, soutenue par un autre corps, effectua son passage à Bussolengo, presque sans opposition.

Le 2, les divisions passées sur la rive gauche s'avancèrent jusque sous les châteaux de Vérone. L'armée ennemie évacua la ville, et continua son mouvement de retraite.

Le 3, notre avant-garde alla s'établir au delà de Vérone, et le lendemain, elle occupa sans combat le camp de Saint-Martin, évacué par l'ennemi. Toute la rive gauche de l'Adige se trouvant ainsi dégagée, et les forteresses bloquées, les autres corps de notre armée vinrent à leur tour effectuer le passage à Vérone.

D'après l'ordre qui me parvint le 3, je me rendis le lendemain de Sandria à Vérone, avec ma petite chancellerie et tout mon personnel, composé d'un maréchal des logis de dragons, vague-mestre ; de trois autres sous-officiers écrivains, et d'une escorte de six grenadiers, commandée par un caporal, en tout douze personnes. Nous ne restâmes que quelques heures à Vérone, avant hâte de rejoindre le quartier général établi à Saint-Martin.

Le 5, les Autrichiens, sans doute pour mieux couvrir leur retraite, firent une démonstration de grand matin contre notre extrême avant-garde. Ils furent repouseés et poursuivis.

Le 6, le mauvais temps empêcha de rien entre-prendre dans la matinée. Dans l'après-midi, l'en-nemi fut vivement attaqué, et expulsé successive-ment de Villanuova et de Monteforte, où il avait fait mine de tenir. J'allai le soir rejoindre l'avant-garde à Villanuova.

Le 7, il y eut plusieurs engagements aux envi-rons de Montebello [1]. Partout les Français eurent

1. Montebello de Lombardie, situé au pied des derniers contre-forts des Alpes, est aujourd'hui l'une desstations du chemin de fer de Vérone à Vienne. Ce n'est pas là que fut livrée la bataille du 9 juin 1800 qui valut à Lannes le titre de duc, mais près du village piémontais du même nom

le dessus. L'ennemi, voyant sa ligne de retraite menacée, évacua la ville, mais on eut quelque peine à le déloger, dans la soirée, d'un petit bois où il paraissait vouloir passer la nuit.

Je courus personnellement un assez grand danger ce jour-là. Ayant voulu suivre une charge, exécutée par notre brigade de dragons, je fus retardé dans quelques passages difficiles pour un piéton, et perdis de vue nos cavaliers. J'étais d'ailleurs séparé de mes employés et de mon escorte, qui avaient suivi directement la route de Montebello. Le jour commençait à baisser, quand je m'aperçus que j'étais suivi, à demi-portée de fusil, par trois maraudeurs ; — des maraudeurs français, car nous en avons malheureusement aussi dans nos armées. Comme j'étais en bourgeois, ces honnêtes gens me prenaient pour un habitant du pays, etcroyaient pouvoir l'assassiner impunément pour avoir sa dépouille. J'entendis fort distinctement l'un d'eux qui disait à un autre : *à toi le pékin !* Je fis aussitôt volte-face, et leur criai à haute et intelligible voix :

Cette confusion faite par plusieurs écrivains a été signalée, dans l'excellent itinéraire Le Pays ; p. 345.

je vous en défie ! Ils parurent tout décontenancés de m'entendre parler si bien français, et je continuai mon chemin, en évitant de trop hâter le pas, ce qui eût été une grande imprudence. Mais j'avoue qu'il me tardait d'atteindre un poste ou une habitation quelconque. Heureusement je touchais presqu'à Montebello. Quand j'y arrivai, mes dangereux acolytes avaient disparu.

Cette ville, à la suite du passage des deux armées, se trouvait dans une confusion épouvantable. Je parvins cependant à rattraper mes employés au milieu de la bagarre, et me fis loger avec eux dans une maison où nous fûmes fort contents de nos hôtes, et ceux-ci non moins contents de nous avoir pour sauve garde. On tenta à diverses reprises d'enfoncer la porte, et il fallut plusieurs fois nous montrer, et montrer les dents pour faire reculer les maraudeurs. Nous nous en croyions quittes, quand les cris de détresse de diverses volailles nous signalèrent un nouvel assaut du côté de la basse-cour. Je fis une sortie vigoureuse dans cette direction, et j'y surpris en flagrant délit de vol, une paire de chapons dans chaque main, un individu que je reconnus parfaitement. C'était un de ces employés aux vivres et fourrages que les soldats nomment *riz-pain-sel*, gens auxquels toutes les façons de voler sont familières. J'aurais pu, j'aurais dù peut-être arrêter celui-là, et le faire attacher à la queue de mon fourgon. Je me contentai de lui arracher son butin, et de lui faire un bout de conduite à grands coups de pieds dans le... dos.

Le 8, l'ennemi, attaqué sous Vicence, évacua cette ville, et alla prendre position à Armeola, sur la Brenta. J'arrivai à Vicence dans la nuit, et j'y restai jusqu'au 11.

Le 9, l'armée autrichienne avait été rejetée au delà de la Brenta. On ne voulait pas franchir cette rivière, sans s'être assuré de la coopération du corps d'armée dit des Grisons, qui avait dù se porter de Trente vers Bassano. Une reconnaissance dirigée le 10 sur cette ville, ayant pu se mettre en communication avec le corps attendu, une partie de l'armée passa la Brenta le 11.

Le 12, l'ennemi fut débusqué de Citadella et de Castelfranco. Il avait résisté faiblement dans la première de ces deux villes, mais on le trouva fortement retranché dans la seconde : il fallut le charger à plusieurs reprises pour l'en chasser. Il perdit dans cette affaire 600 hommes tués ou hors de combat, sans compter les prisonniers, et se replia en désordre sur Valdelago. Le lendemain, il fit mine un instant d'offrir la bataille, entre Valdelago et Sola, mais dès qu'il vit qu'on se mettait en mesure de l'accepter, il poursuivit sa retraite dans la direction de Trévise.

Ce même jour, je faillis avoir, un peu par ma faute, une aventure fort désagréable.

J'étais fort pressé de voir le général, pour prendre ses ordres. Je partis donc précipitamment de Castelfranco où j'étais arrivé le matin, voulant rejoindre avant la nuit le quartier général de l'avant-garde, que je pensais trouver à Valdelago. Mais il avait déjà quitté cette position pour faire place à d'autres troupes que je trouvai établies en avant du village, et je ne pus obtenir aucun renseignement sur la direction qu'il avait suivie.

Il commençait à faire nuit, et j'apercevais au loin, devant nous, une ligne de feux assez étendue. Convaincu que ces feux n'étaient et ne pouvaient être que ceux de l'avant-garde, je m'acheminai aussitôt de ce côté avec mon personnel du bureau et l'escorte. Un peu plus loin, nous trouvâmes un convoi qui obstruait la route. Il appartenait aussi au corps d'avant-garde, et s'était arrêté, ignorant aussi quelle route il fallait prendre, et craignant de trouver ce qu'il ne cherchait pas. Je dis à mon monde de suivre ce convoi quand il repartirait, et accompagné d'un seul sous-officier, je poussai droit vers ces feux, que je persistais à prendre pour ceux de l'avant-garde.

Après avoir ainsi marché bon train pendant plus d'une heure sur la route de Trévise, nous croisâmes quelques dragons qui revenaient au trot, et qui me dirent que l'ennemi était dans le prochain village. Mon sous-officier proposait de rétrograder, mais je traitai ce rapport de vision, et poussai ma pointe en toute confiance.

Bientôt nous aperçûmes les premières maisons du village. Il me semblait bien, à part moi, un peu extraordinaire que deux corps d'une même armée stationnassent si près l'un de l'autre, et que nous ne rencontrions ni poste intermédiaire, ni ordonnances, ni traînards, ni vivandières et autres suivants ordinaires des troupes. Mais cette réflexion ne m'arrêta pas, tant j'étais préoccupé de la nécessité de rejoindre promptement le général.

Nous voici donc dans le village. Bientôt, à la lueur d'un feu dans une cour ouverte nous apercevons, en train de se chauffer tranquillement,... un soldat autrichien. Cette circonstance, au lieu de m'alarmer, me rassura complétement. Cet homme sans fusil, n'ayant l'air de faire attention à rien, pouvait-il être un factionnaire, et surtout un factionnaire d'avant-postes ? cela ne tombait pas sous les sens. Je dis donc à mon sous-officier : — C'est un prisonnier ! passons. »

Je ne pouvais néanmoins m'empêcher d'être un peu surpris du silence absolu qui régnait dans le village. Mais j'étais lancé ; rien ne pouvait m'arrêter ! Nous traversons donc ce village sans rencontrer une âme, et nous arrivons à la sortie de l'autre côté. Dans cet endroit la route se bifurquait, et nous nous trouvâmes dans un sérieux embarras. De cette place on ne voyait plus les feux, qui étaient probablement sur les hauteurs voisines. Lequel des deux chemins fallait-il prendre pour y arriver ? Une ferme était là, juste à la bifurcation. — Entrons dans cette ferme, dis-je à mon compagnon. — Mais... j'entends du bruit, j'aperçois du feu dans la cour, à travers les fentes de la grande porte ! — Nous regardons plus attentivement, et nous distinguons des ombres autour d'un foyer. Nous écoutons, ce langage n'est ni de l'italien, ni du français ! Je commençais à croire

que les dragons de tout à l'heure avaient raison. —
« Entrons, dis-je pourtant, et nous verrons, car
s'il y a du danger à entrer ici, il y en aurait peut-
être encore plus à avancer, sans savoir où nous
irions. Voici à gauche une petite porte ouverte ;
entrons, mon cher ami, il faut en finir ! »

Nous nous trouvâmes sous une espèce de porche
couvert, où quatre soldats autrichiens se chauf-
faient, l'arme au pied ; plus loin, dans la cour, on
en apercevait d'autres, groupés autour d'un plus
grand feu. A cet aspect, le sous-officier, qui me
précédait, fit un mouvement en arrière ; mais ce
n'était plus le moment de reculer ! Je le pousse
devant moi, et franchis rapidement le porche à sa
suite, en adressant aux quatre Autrichiens un
gute nacht (bonne nuit) qu'ils me rendirent,
croyant sans doute rêver. Me voilà donc dans la
cour ; il s'agit de réparer, à force d'audace,
l'aveugle imprudence qui m'a conduit dans ce
guêpier. — Nous sommes perdus ! me dit à demi-
voix mon pauvre compagnon. — C'est possible ;
mais prenez un air d'assurance et laissez-moi
faire, ou plutôt, faites comme vous me verrez faire,
et nous pourrons encore nous en tirer. »

Nous eûmes bientôt franchi les trente ou quarante pas qui nous séparaient du grand foyer, autour duquel se trouvaient une vingtaine d'Autrichiens, dont quelques-uns s'occupaient à rôtir un énorme dindon.

En arrivant, je saluai la compagnie d'un *Gute Nacht!* sonore ; puis je pris et serrai cordialement la main du sergent, chef du poste. Celui-là, trouvant sans doute que ce n'était pas assez de tendresse, me sauta au cou en m'adressant quelques mots que naturellement je ne compris pas. Je suis sûr que dans le premier moment il me prit pour un déserteur.

Cependant, plusieurs de ses hommes avaient entouré mon sous-officier, qui savait un peu l'allemand. Ne voulant pas le laisser s'engager dans une conversation qui aurait pu nous compromettre, je me hâtai de demander, en mauvais italien, si on me comprendrait dans cette langue ; on me répondit affirmativement. J'ajoutai que je m'exprimerais encore plus facilement en latin. Aussitôt il se présenta un soldat, hongrois probablement, qui me servit d'interprète avec le sergent. Je crois que cette espèce de colloque, compris des uns et tenant les autres comme en suspens, ne contribua pas peu à nous sauver.

Pour le moment, je me contentai de dire que j'é-
tais bien surpris de trouver là ces messieurs, mais
que je n'étais pas trop fâché de cette rencontre.
Puis, un dindon se trouvant justement cuit à point,
on nous proposa d'en prendre notre part. — « Tâ-
chons donc de nous échapper, me dit mon sous-
officier. — Mangeons et buvons, répondis-je, et
nous verrons après..... » On nous servit d'assez
beaux morceaux de dindon sur des tranches
de pain ; on but à la ronde quelques verres de
vin, après quoi je repris la parole, toujours dans
un latin plus ou moins correct.

— Je vous disais tout à l'heure que j'étais surpris de vous trouver ici. Vous ignorez donc que
vous êtes tout environnés de nos postes, et que
d'un moment à l'autre vous pouvez être enlevés.
Franchement vous feriez bien de vous en aller. —
Nous n'en avons pas reçu l'ordre.—C'est qu'il aura
été intercepté, car il est impossible qu'on ne vous
l'ait pas adressé, dans la situation où vous êtes. —
Que voulez-vous ? — Vous voulez donc rester ?
— Oui. — Comme il vous plaira ! Mais savez-
vous maintenant que, nous qui vous parlons, nous
allons courir un double danger ? — Comment
cela ? — Comment ? Ne peut-il pas arriver qu'une

patrouille de vos troupes ou des nôtres se présente ici. Une patrouille française nous prendrait pour des déserteurs, une patrouille autrichienne pour des embaucheurs, et pourtant nous ne sommes ni l'un ni l'autre. Voudriez-vous que nous fussions victimes d'une de ces deux méprises? Aussi nous ne pourrions reposer tranquillement ici, et pourtant nous tombons de sommeil. Nous allons donc nous retirer dans quelque maison voisine. » A ces mots, le chef de poste, tout en émoi, me saisit fortement au collet. Il pouvait craindre, en effet, que nous ne fissions enlever son poste. — Eh bien! repris-je, si vous vous méfiez de nous, faites-nous suivre et surveiller dans l'endroit où nous irons passer la nuit. — Non! — En ce cas, dis-je en affectant de me résigner, il faut bien qu'à tout hasard nous restions ici, dans quelque coin... » Le sergent autrichien, qui me tenait encore par le collet, hésita encore quelques instants, puis finit par me lâcher. Je lui serrai de nouveau la main, ainsi qu'aux soldats qui nous environnaient; mon camarade en fit autant. Je lui dis vivement tout bas: « A la porte, mais sans courir! » Et nous nous éloignâmes du foyer tout doucement, à pas comptés, ayant l'air de chercher tout près un endroit pour nous étendre à terre, tandis que les Autrichiens, évidemment très-préoccupés de ce que j'avais dit du danger de leur situation, causaient vivement entre eux. Pendant ce temps nous gagnions insensiblement du terrain. Arrivés à la fameuse porte, je la franchis sans me presser, en saluant les hommes du petit poste, — qui nous avaient vus partager le souper de leurs camarades et n'avaient rien entendu de l'entretien, — d'un nouveau *Gute Nacht*, auquel ils répondirent comme à i'arrivée..... Mais, à peine dans la rue, nous prîmes, comme on dit, nos jambes à notre cou, et ne nous arrêtâmes, pour reprendre haleine, qu'à une grande distance de l'autre côté du village. Je prêtai l'oreille. Tout était calme autour de nous; évidemment nous n'étions pas, ou nous n'étions plus poursuivis! Je continuai alors un peu plus posément ma marche rétrograde jusqu'à Valdelago. On put cette fois m'y indiquer l'emplacement véritable du quartier général, que j'avais été chercher si mal à propos sur la route directe de Trévise. Il était installé à Sala, où je n'arrivai qu'à minuit. J'y racontai mon aventure, qui trouva beaucoup d'incrédules dans l'état-major, mais le général, qui me connaît bien, se porta garant de ma sincérité, que justifia bientôt l'événement. Il s'en était fallu de bien peu que je subisse l'humiliation de rester prisonnier d'un ennemi en déroute. Je ne m'étais tiré d'affaire que grâce à la protection de Dieu, qui avait permis que je conservasse quelque présence d'esprit, et au trouble profond des Autrichiens, inquiets non sans raison de leurs propres affaires.

Le lendemain 14, au moment où nous nous préparions à quitter Sala pour marcher en avant, je vis entrer dans la cour du quartier général, encombrée d'officiers de tout grade, une petite troupe de prisonniers dont je fus aussitôt reconnu. C'étaient mes pauvres hôtes de la veille, auxquels j'avais bien dit qu'ils risquaient d'être enlevés d'un moment à l'autre. Je sollicitai et j'obtins pour eux une distribution de vin ; je leur devais bien cela !

Le mouvement de l'avant-garde partant de Sala menaçait le flanc droit des Autrichiens, en même temps serrés de près par les autres corps. Ils se replièrent sur la Piave, après avoir tenu à Visnadella, et surtout à Lovadina, où leur arrière-garde résista énergiquement pendant toute la scirée, pour couvrir le passage du gros de l'armée. On se battait encore dans ce bourg le 14 au soir, quand j'y arrivai avec mon personnel.

Le 15 au matin, il n'y avait plus un Autrichien sur la rive droite de la Piave. On conclut alors une suspension d'armes de vingt-quatre heures, et le lendemain 16, un armistice fut signé à Trévise. Les Autrichiens s'engagent à nous remettre les places qu'ils occupaient encore sur le territoire qu'ils viennent de reperdre ; c'est-à-dire Ancône, Ferrare, Porto-Legnago, Peschiera et Mantoue. De plus, il est convenu que, pendant les négociations qui vont suivre, l'armée autrichienne stationnera sur la rive gauche du Tagliamento, et que la nôtre occupera la ligne de la Piave, avec des postes entre les deux rivières.

XL

Trévise 5 mars 1801.
(18 ventôse an IX)

Vous savez que, grâce aux succès récents de armées d'Italie et d'Allemagne, la paix a été signée le 5 février dernier. Aussi j'espère revoir bientôt notre belle France.

Pendant ces dernières opérations, si pénibles mais dont le résultat est si glorieux, j'ai presque constamment mené la vie de bivouac. Sauf que je n'étais plus en ligne, j'ai eu tous les agréments d'une campagne active. Je serais bien fâché aujourd'hui qu'il en eût été autrement.

En arrivant ici, le 17 janvier, mon premier soin avait été d'établir mes bureaux, de pourvoir à mon logement et à celui de mon modeste personnel, dé-

duction faite de l'escorte, qui rejoignit immédiatement sa demi-brigade. Je pris ensuite les ordres
du général pour l'organisation et la répartition de
mes travaux, et tout prit dès lors une marche ré-
gulière.

Je travaille avec le général tous les matins ;
puis je distribue à chacun sa tâche.. ; et, comme
j'ai de plus à surveiller et activer le travail, on
me voit rarement en ville.

J'y ai fait pourtant une rencontre fort heureuse,
celle du digne ecclésiastique, ancien préfet du
collège où nous avons fait nos études, le général
et moi... Je lui parlai du général, il me témoigna
combien il serait heureux de le revoir, si son ancien élève ne l'avait pas oublié, et ne trouvait pas
une telle visite indiscrète.

Le général, auquel je m'empressai de raconter
ma bonne fortune, me chargea aussitôt de l'engager à venir, et je l'amenai moi-même. L'entrevue a été des plus cordiales, et aura, je l'espère,
d'heureuses conséquences pour notre ancien
maître.

La ville de Trévise et les contrées voisines sont
encombrées de troupes, et accablées de charges
militaires. Représentez-vous, en effet, un pays

grand tout au plus comme deux ou trois de nos départements ; pays déjà épuisé par les allées et venues de deux grandes armées, et maintenant occupé d'une façon permanente, depuis l'armistice, par cent mille hommes et vingt mille chevaux ; écrasé par conséquent de logements militaires, frappé d'énormes contributions , obligé, en outre, de pourvoir à tous les besoins d'habillement et d'entretien des troupes, ainsi qu'aux innombrables charrois, indispensables à l'approvisionnement et au service des garnisons et cantonnements ! Je ne sais vraiment pas comment ces pauvres gens peuvent y suffire ; aussi je pense qu'ils se consoleront aisément de notre départ, qui, malheureusement pour eux, n'aura pas encore lieu de sitôt. En attendant, on désarme et on démantelle les places fortes, de telle façon que les Autrichiens, en reprenant possession du pays jusqu'à l'Adige, s'y trouveront absolument à découvert.

Tout le monde veut aller voir Venise, qui n'est qu'à sept lieues d'ici. Mais comme on ne peut y aller qu'avec des permis délivrés à l'état-major, et qu'on ne veut pas trop multiplier, les officiers généraux et supérieurs ont pu seuls, jusqu'ici, obtenir cette faveur. Je laisse passer les plus pressés, mais dès que j'aurai obtenu un congé définitif ou temporaire, je m'arrangerai pour avoir mon tour [1].

1. L'officier dont l'abbé C... était secrétaire, depuis son retour en Italie, était son compatriote, le général Charpentier, nommé colonel à l'armée de Sambre-et-Meuse en juin 1794, et général de brigade en Italie en 1799. Il se distingua aussi dans plusieurs des campagnes les plus mémorables du premier Empire, notamment dans celle de 1809 après laquelle il fut nommé général de division et comté ; puis dans celle de 1813, où sa conduite fut héroïque à Lutzen, à Bautzen, à Leipzig, à Hanau ; et enfin dans celle de 1814. Il commandait alors une division de la garde impériale, c'est en dire assez ! Né à Soissons en 1769, il est mort en 1831 près de Villers-Cotterets.

XLI

X... 25 avril 1801.
(6 floréal an IX.)

Grâce à Dieu, me voici donc, après tant d'é-
preuves, rentré sain et sauf dans mes foyers, après
avoir, j'ose le dire, fait toujours mon devoir dans
cette carrière militaire, où m'avaient jeté des circonstances impérieuses et terribles.

Le général, sans vouloir précisément contrarier
mes vues, a fait les plus vives instances pour me
retenir. Mais voyant que mon parti était pris, il
a fini par acquiescer à mes désirs. En attendant
que je puisse recevoir mon congé définitif, il m'a
donné une permission d'aller passer trois mois
pleins en France, voyages non compris, permis-

15.

sion qu'il m'a promis de renouveler au besoin, jusqu'à ma complète libération.

Avant mon départ, je fus autorisé à visiter Venise. J'y passai trois jours, errant, pour ainsi dire, de merveilles en merveilles... La place Saint-Marc, l'intérieur de l'église du même nom et le palais du doge m'ont surtout frappé. Dans ce dernier édifice, je remarquai plusieurs cadres vides de leurs toiles.— « C'est votre Bonaparte qui les a prises, » me dit avec humeur mon *cicerone*. J'aurais voulu aussi visiter les îlots, celui surtout dans lequel s'élève la belle église de San-Giorgio Maggiore, où s'est faite, il y aura bientôt deux ans, l'élection de N. S. P. le pape Pie VII, et qui n'est qu'à une portée de fusil de la place Saint-Marc. Mais tous ces îlots ont été transformés en forteresses, et les Autrichiens en interdisent sévèrement l'accès.

C'est le 22 mars que j'ai quitté Trévise. Si heureux que je fusse d'aller revoir la France et ma famille, il m'en coûta beaucoup de me séparer du général, auquel, après Dieu, je suis redevable de mon bonheur. Je partis vers midi, et m'en fus coucher à Castel-Franco, après avoir visité en chemin cette fameuse cour de Poëse, où je m'étais si étourdiment fourvoyé dans un poste autrichien. J'arrivai à Vicence le 23 ; quarante-neuf journées de marches militaires me séparaient encore de ma famille ; je résolus de doubler mes marches. Ce ne fut pourtant pas sans hésitation que, dans le trajet de Vérone à Brescia, je renonçai à m'écarter de la route directe pour revoir deux localités dont le souvenir me restera toujours cher, Montechiaro et Guastalla. Je me rappelais mon bon hôte de Montechiaro, qui m'avait si bien accueilli à mon retour de Mantoue, alors que j'étais si misérable ; et l'excellent chanoine de Guastalla, qui aurait eu tant de plaisir à me revoir ! Mais j'étais comme emporté malgré moi, et je passai outre, non sans un cruel serrement de cœur. Je leur écrirai, je m'excuserai de mon mieux, et ils me pardonneront, je l'espère, d'avoir sacrifié le bonheur de les embrasser une dernière fois, à celui de revoir plus tôt ma patrie et ma famille.

Mais j'avais trop présumé de mes forces physiques, et bientôt je m'en aperçus. Le 27 mars, à Cassano, je me trouvai absolument hors d'état de poursuivre ma route à pied, et dus m'embarquer pour Milan, où j'arrivai à dix heures du soir. J'y passai la nuit, souffrant des douleurs intolérables dans la jambe et surtout dans le pied gauche. Cependant je ne voulais pas encore m'arrêter à Milan ; je me traînai le 28 jusqu'au canal qui conduit de cette ville à Buffalora, pour y prendre une barque. La seule que je trouvai ne partait que le soir ; je passai ainsi sur l'eau une grande partie de la nuit, ce qui n'était nullement propre à me guérir. A Buffalora, je me trouvai tout à fait hors d'état de marcher, et je dus rester couché pendant toute la journée du 29 et une partie de celle du 30, et faire des applications continuelles de cataplasmes sur mon pied malade. Le 30, me sentant un peu mieux, et voulant absolument continuer mon voyage, j'eus la chance de trouver un *vetturino* qui retournait à vide à Turin, et qui m'y conduisit à petites journées, pour un prix des plus modiques.

J'y arrivai le 1er avril. Ces quelques jours de soins et de repos relatif avaient fait disparaître à peu près l'inflammation, et je pus me remettre en route dès le 2, clopin-clopant, forcé de ralentir ma marche pour éviter une rechute. Le 4, je gravis le mont Cenis, et me donnai le plaisir de le descendre en traîneau... Le 8, j'atteignis Bourgoin ; mais le temps était si mauvais, et je me sentais si fatigué, que je me décidai à faire en *patache* le reste du trajet jusqu'à Lyon.

J'arrivai dans cette ville le 9, d'assez bonne heure pour pouvoir y faire un tour de promenade. La pluie continuant de tomber en abondance, j'empruntai un parapluie pour faire mon excursion. Il y avait bien longtemps que je ne m'étais permis un pareil raffinement! Je visitai quelques églises, mais j'eus le regret de me présenter trop tard à la plus intéressante, celle de Saint-Jean. Toutes les portes étaient déjà closes.

La persistance du mauvais temps me détermina à me rendre par eau, le 10, à Mâcon, où j'eus le chagrin de ne trouver que l'emplacement de la cathédrale, rasée de fond en comble pendant les mauvais jours de la Révolution... Je ne repris terre que le 12, pour aller à Arnay-le-Duc, où j'arrivai par une tempête de neige qui se prolongea pendant deux jours, et rendit ma marche très-lente et pénible. Le 14, je n'étais encore qu'à Lucy-le-Bois, un peu au delà d'Avallon. Mais alors le temps se mit au beau : il me semblait d'ailleurs que mes forces augmentaient, comme mon impatience, à mesure que j'approchais du but si désiré. Le 16, dans la belle cathédrale de Sens, qu'heureusement nos modernes Vandales ont épargnée, j'adressai à Dieu une fervente prière d'actions de grâces pour tant de périls surmontés, tant de bonheur au retour ! J'étais le 17 à Melun, le 18 à Meaux, le 19 à…., et le 20 …. Le 20, après avoir rencontré dans la matinée mon père, mes jeunes frères qui avaient fait trois lieues au-devant de moi, je tombais dans les bras de ma mère !!

Je m'arrête… J'ai retrouvé ma famille, mon pays, ma chambre, mes livres. Dieu me fera retrouver le reste !

APPENDICE

APPENDICE.

————

A. — *Lettre VII*, p. 24.

On sait que le commandant en chef de l'armée
du Nord, Houchard, périt sur l'échafaud, en
récompense de sa victoire d'Hondschoote. Mais on
sait moins que son successeur Jourdan faillit
avoir le même sort. Quelque temps après la bataille
de Wattignies, il fut mandé à Paris avec son chef
d'état-major Ernouf, pour répondre devant le
Comité de salut public à l'accusation intentée
contre eux par Carnot. Celui-ci leur reprochait
d'avoir poursuivi trop mollement l'ennemi vaincu.
Il savait parfaitement que le mauvais temps, les
mauvais chemins et l'organisation défectueuse
des corps avaient mis des obstacles insurmontables
à la poursuite. Mais il avait des griefs particuliers
contre Jourdan et aussi contre Ernouf, auquel il

en voulait *à mort* (le mot est bien de circonstance ici), d'avoir rudement houspillé un sien neveu employé dans l'administration des vivres, qui s'était un jour permis d'accaparer le logement marqué pour le général...

Jourdan et Ernouf restèrent plusieurs jours à Paris, avant d'être appelés devant le Comité. Ils logeaient tout près des Tuileries, et avaient pour distraction le passage quotidien des charrettes se dirigeant vers la place de la Révolution. Ils reçurent enfin leurs cartes d'introduction : je conserve celle de mon aïeul, qui porte la signature autographe de Couthon. Le renvoi devant le tribunal révolutionnaire, c'est-à-dire la mort, était la conséquence probable de cette comparution. Mais les deux généraux furent défendus avec vigueur par le représentant Duquesnoy ; le même qui fut plus tard compromis dans l'insurrection jacobine de prairial an III, et l'un des quatre condamnés qui se suicidèrent séance tenante. C'était un patriote ardent, dont le témoignage avait une grande autorité, parce qu'il avait suivi les opérations de très-près, faisant lui-même le coup de feu à l'extrême avant-garde. Il démentit complétement les dires de Carnot, auquel il n'épargnait pas les gros mots, si bien que celui-ci finit par fondre en larmes. Dans la chaleur de la discus sion,Duquesnoy s'étaitemparé d'un gros encrier de plomb, dont il frappa la table d'une telle force, que l'encre éclaboussa les papiers et les habits de plusieurs membres du Comité.

Ce fut Robespierre qui ferma la discussion, en demandant à Duquesnoy s'il répondait sur sa tête du patriotisme de Jourdan et d'Ernouf. Sur sa réponse vigoureusement affirmative, le Comité entra en délibération. Pour ne pas donner complétement tort à Carnot, il fut décidé que les deux généraux recevraient une autre destination, l'armée du Nord ayant besoin de chefs plus *énergiques*. Leur nouvelle destination fut cette armée qui s'organisait alors sous le nom depuis justement célèbre de *Sambre-et-Meuse*. Je rapporte cette scène, exactement comme je l'ai entendu raconter dans mon enfance, par Jourdan lui-même et par mon aïeul. Sans l'intervention de Duquesnoy, ils auraient partagé le sort des Houchard, des Custine et de bien d'autres, au lieu d'aller vaincre à Fleurus. Tant il est vrai, comme l'a dit Michelet dans un de ses moments lucides, que « la France fut sauvée non par la Terreur, mais malgré la Terreur ! »

———

B. — *Lettre X*, p. 39.

On sait que Saint-Just était en mission à l'armée
de Sambre-et-Meuse, lors du siège de Charleroi.
Il ne la quitta que pour revenir à Paris, partager
le sort de Robespierre. Ce sinistre personnage
disait à Jourdan d'une voix flûtée : « Tu attaqueras
demain l'ennemi et tu le battras, sinon je t'envoie
à Paris et t'y fais guillotiner ! » Il tenait le même
langage au chef d'état-major Ernouf. Celui-ci, peu
endurant de sa nature, lui proposa un matin une
promenade aux avant-postes, avec l'intention
bien arrêtée de l'y faire tuer, tout en s'exposant
autant que lui. Il le mena donc dans un retran-
chement à peine ébauché, où tous deux étaient
bien à découvert et à belle portée. Aussitôt que les
artilleurs autrichiens aperçoivent l'uniforme du
général et l'écharpe du représentant, ils leur en-
voient une volée de canon. Un boulet vient s'enfoncer auprès d'eux, et la commotion les culbute
l'un sur l'autre en les couvrant de terre. Saint-Just
se relève, et tout en se secouant, dit avec cet imper-

turbable sang-froid dont il ne se départit jamais, même bientôt après sur l'échafaud : « Citoyen général, pourquoi m'as-tu amené ici ? —
Citoyen représentant, répond Ernouf avec le même
calme, c'était pour que tu voies mieux. — C'est
bien, j'ai assez vu ; allons-nous en ! » Il partit
quelques jours après, et mon aïeul aurait probablement payé cher cette promenade, si les événements avaient tourné autrement au 9 thermidor.

C. — *Lettre XIV, p. 55.*

L'organisation du faux-monnayage sur une grande échelle, du temps du Directoire, était une des conséquences de la prolongation de l'anarchie révolutionnaire. Les faux-monnayeurs opéraient par bandes comme les chauffeurs. L'une de ces bandes, qui écoulait principalement ses produits en Picardie et en Champagne, était alors installée dans les souterrains du château ruiné de *Roissy,* sur la route de Paris à Soissons, entre le Bourget et Dammartin. Ce domaine avait été vendu comme bien national, et l'acquéreur s'était installé dans les anciens communs, à proximité des restes du château. On entendait distinctement, dans la nuit, les coups souterrains du balancier : on vit même plus d'une fois des ombres se glisser dans les ruines ; mais personne n'osait porter plainte. On redoutait la vengeance des faux-monnayeurs, qui passaient pour avoir des affiliés puissants. Les choses allèrent ainsi jusqu'au 18 brumaire. Alors les faux-monnayeurs disparurent, et M. B., le nouveau propriétaire, fit raser complétement les restes de l'ancien château, et murer toutes les issues souterraines. On en trouva plusieurs, qui aboutissaient à une grande distance dans la campagne. Tout ceci m'a été raconté par des témoins oculaires.

Il s'agit ici de l'ancien pont, le seul qui existât alors, et dont on voit encore les restes, à environ huit mètres au-dessous du nouveau. Ce pont, dont la première construction remontait au commencement du xii⁰ siècle, avait eu pour architecte, non l'Esprit des Ténèbres, mais un dévot et savant personnage du temps, Gérald, abbé d'Einsiedeln. Il était, comme celui sur lequel passe aujourd'hui la route du Saint-Gothard, composé d'une seule arche, mais de forme ogivale, et à vingt-trois mètres seulement au-dessus de la Reuss.

Le pont de l'abbé d'Einsiedeln est sans parapets, et à peine assez large pour permettre à deux personnes de passer de front. Une légère balustrade en bois les séparait seule de l'abîme. Il était moins commode que le pont moderne, mais bien plus pittoresque, comme on peut en juger par les gravures du siècle dernier. Pendant la campagne de 1799 en Suisse, les Français l'avaient fait sauter pour barrer le passage aux soldats de Souvarow, mais ceux-ci passèrent outre en se laissant glisser jusqu'au fond de la gorge, et remontant de l'autre côté par d'effroyables escarpements. Ce tour de force fut heureusement inutile, grâce à l'héroïque résistance de Lecourbe et de Molitor, qui fermèrent à Souvarow le chemin de Zurich. (Voir, pour plus de détails, nos *Études* sur l'année 1799).

E. — *Lettre XXIV*, p. **212**.

L'ancien Directoire avait trouvé le moyen de
reperdre l'Italie encore plus vite que ne l'avait
conquise Bonaparte. Le coup d'État du 30 prairial, accompli contre lui par les conseils, avait momentanément satisfait l'opinion. On avait tant
souffert, qu'on accueillait avidement la moindre
lueur d'espoir. Les généraux imputaient au Directoire renversé les revers de nos armées, et
sans fondement. « Les cœurs se dilatent et
l'espoir renaît, écrivait Soult le 18 messidor. Des
poignées de Français n'iront donc plus attaquer
des armées. La sagesse du nouveau Directoire nous
préparera sans doute les moyens de vaincre qu'on
nous avait ôtés ! » « Que je suis donc aise,
s'écriait de son côté Lefebvre, de voir quitter la
toge directoriale àce J. F. de Merlin... Je me réserve
bien d'embrasser nos amis Jourdan, Talot, Joubert,
etc., pour avoir déniché ces trois pies (Merlin,
Rewbell et la Revellière), dont le bavardage
n'était pas du tout de mon goût. »

Ces espérances furent promptement déçues, et le nouveau Directoire fit presque regretter l'ancien. Le simple bon sens prescrivait de maintenir comme général en chef et de renforcer Moreau, qui avait sauvé, réorganisé l'armée, et seul n'avait pas été vaincu. Le Directoire suivit d'autres conseils. Moreau, jugé trop timide et trop circonspect, fut remplacé par Joubert, jeune général connu par le rôle brillant qu'il avait joué dans la victoire de Rivoli. Ce choix n'avait rien de blâmable en lui-même, mais en même temps le Directoire, persévérant dans le fatal système de multiplier les commandants en chef indépendants, créait une armée des Alpes distincte de celle d'Italie, dont elle n'aurait dû former que la réserve...

Il n'était déjà plus temps de prévenir la concentration de l'armée austro-russe, qui avait eu lieu aussitôt après les capitulations de Mantoue et d'Alexandrie. Joubert, qui venait de déboucher sur Novi, venait d'apprendre cette fatale nouvelle, et commençait à se retirer, quand il fut attaqué... Frappé mortellement dès la première heure, Joubert fut remplacé par Moreau, qu'il avait eu la sagesse de retenir. La bataille fut longtemps et chaudement disputée; les colonnes russes, entraînées par Souvarow lui-même à l'attaque de la position du nord, furent deux fois repoussées avec perte. Mais dans l'après-midi, l'arrivée de la réserve autrichienne donna à l'ennemi une supériorité accablante... L'armée française, prise en flanc et presqu'à dos, fut forcée de se retirer par des traverses où la retraite devint bientôt une déroute. Jusque-là c'était l'armée des alliés qui avait le plus souffert, mais dans la poursuite elle vengea cruellement ses pertes. Les généraux Pérignon et Grouchy, chargés de couvrir la retraite, tombèrent au pouvoir de l'ennemi, avec quatre ou cinq mille hommes et la plus grande partie de notre artillerie...

Novi est une des batailles modernes les plus meurtrières ; il y périt le quart des combattants de part et d'autre.

Les débris de l'armée française, rejetés dans les montagnes, avaient repris à peu près les positions d'où Bonaparte était descendu sur l'Italie en 1796. Grâce à la politique insensée des gouvernements révolutionnaires, à ces malencontreuses combinaisons qui avaient disséminé les soldats, morcelé les commandements, nous revenions, comme par un cercle fatal, au point d'où nous étions partis. Voilà ce qu'on avait fait de la confiance des peuples ; des richesses de la conquête ; du sang français, plus précieux que l'or !

L'anarchie directoriale avait été la digne auxiliaire des Cosaques. L'Italie naguère si glorieusement conquise nous échappait sans regret, Bonaparte seul pouvait nous rendre ses propres conquêtes...

L'opinion exprimée ici par l'auteur de ces Souvenirs sur les événements de Brumaire était celle de l'immense majorité de la nation et de l'armée. Cet assentiment presqu'universel est un fait historique contre lequel tous les sophismes sont impuissants, comme toutes les injures.

Les événements du 18 brumaire, ratifiés par la nation, reçurent bientôt une consécration plus solennelle encore par le retour de la confiance et de la prospérité publiques. Tandis que des démagogues ambitieux s'essayaient déjà au rôle de courtisans ; que d'autres , furieux, mais encore plus effrayés, se replongeaient dans l'ombre ; les républicains honnêtes, abjurant leurs illusions, reconnaissaient que cette solution avait été un immense bienfait pour la France.

L'un de ceux qui avaient le plus longtemps conservé ces illusions, c'était le général Jourdan. Il était l'un des *trois* députés qui avaient résisté le plus longtemps, et honoré, par leur attitude courageuse, l'agonie de la République . Éclairé par les résultats, il ne tarda pas à juger ces événements d'une façon toute différente, à s'applaudir d'avoir été vaincu. Voici comment il s'en expliquait dans une lettre adressée quelque temps après à l'un de ses anciens compagnons d'armes, alors employé dans les colonies ; — lettre dont nous avons l'original sous les yeux.

« Les changements politiques arrivés en France te surprendront sans doute. Je sais par expérience que les gens d'honneur n'abandonnen t pas facilement les opinions qu'ils ont embrassé es, et pour lesquelles ils ont combattu pendant dix ans. Mais je suis convaincu qu'en réfléchissant avec attention sur notre situation, tu feras comme j'ai fait, c'est-à-dire que tu te réuniras de bonne foi au nouvel ordre de choses, et que tu confondras dans un même sentiment l'amour de la patrie et celui de son glorieux chef. Voici les principaux motifs qui m'ont déterminé.

« D'abord l'expérience nous a prouvé que le peuple français n'est pas assez vertueux, pour jouir de cette liberté dont nous trouvons les principes dans les grands publicistes. Ce peuple trop léger, trop insouciant, peut bien renverser la tyrannie lorsqu'elle lui devient insupportable. Alors il se meut par un sentiment d'honneur. Mais il est incapable de régénérer ses mœurs, de sacrifier ses plaisirs et ses habitudes aux règles austères qui doivent régir les Républiques. Dans les Républiques, chaque citoyen doit rapporter tout à l'État ; en France, chacun est dans l'usage de rapporter tout à soi-même. Aussi avons-nous vu, dans le cours de la révolution, que la masse du peuple a toujours été la proie de diverses factions qui se succédaient.

« Chacun de nous était tellement pénétré de cette vérité, que sous le règne du Directoire nous reconnaissions que le gouvernement était trop faible, et nous avons souvent médité sur les moyens de lui donner plus de force, en même temps que nous désirions placer à la tête des affaires des hommes plus habiles. Aussi la France n'a repris sa splendeur que depuis le 18 brumaire, époque à laquelle une nouvelle constitution rendit le gouvernement plus indépendant, et lui permit de s'occuper sans obstacles de la prospérité publique, tandis que chaque citoyen, rendu à ses habitudes et à ses affaires, s'occupait, sous la protection du gouvernement, de ses affaires particulières.

« Il est démontré que les changements opérés au 18 brumaire ont été avantageux à la France. Il a été reconnu par tous les bons esprits, et par les hommes sans ambition personnelle, que la nouvelle forme de gouvernement convient mieux à nos mœurs et à notre situation.

« Telle est, mon bon ami, l'analyse des principes qui m'ont irrévocablement uni au nouveau système. Je suis certain que tu penseras comme moi, et que tu répondras à ceux qui te feraient des objections, ce que j'ai déjà répondu plusieurs fois : Faites que le peuple français soit assez vertueux pour jouir et ne pas abuser d'une plus grande latitude de liberté , et je reprendrai mes anciennes opinions. Jusque-là, souffrez que j'en fasse le sacrifice à l'opinion publique et à l'intérêt général..... »

G. — *Lettre XXXIII*, p. 180.

Au quartier-général à Milan.
(3 messidor an VIII.)

Je reviens du bout du monde, mon cher Hastrel.
Tout étonné de me trouver au port, étourdi par le
plaisir de pouvoir communiquer avec les miens, je
me sens une indigestion de paroles, et j'exige dans
ma joie que tu m'entendes jusqu'au bout, quand
tu devrais t'endormir !

J'étais à peine arrivé de Zurich à Gênes, après
un voyage de deux cents lieues et un mois et demi
d e route, que le général Masséna me donna une
mission pour les îles de Corse et de Capraja, au
risque d'être pris par messieurs les Anglais. L'armée
et Gênes souffraient de la disette ; il fallait faire
flèche de tout bois, et Masséna, ayant appris qu'il
existait en Corse et à Capraja des grains provenant
de prises faites par nos corsaires, se détermina à
y envoyer un de ses aides de camp, pour donner
en même temps au gouvernement ligurien un gage

authentique de sa sollicitude pour l'arrivage des subsistances, et l'engager à redoubler d'efforts de son côté. J'étais donc chargé de réunir ces grains, d'en former un convoi, et de le diriger sur Gênes. Ce n'était pas chose facile ; j'avais affaire à des corsaires; il m'a fallu hurler avec les loups pour les contraindre à me lâcher leur proie. Ajoute à cela la contrariété des vents presque continuelle, et la croisière des Anglais ; tu auras une juste idée de cette mission.

Que d'ennuis, mon cher ami, que de contrariétés, de dangers même, il m'a fallu supporter dans le cours de cette expédition qui a duré plus de quarante jours, passés presqu'en entier sur le rocher pelé de la Capraja, repaire de ces corsaires [1] et peuplé par des demi-sauvages. Les femmes seules y travaillent à la terre, et gravissent continuellement les rochers pieds nus pour y chercher quelques recoins fertiles, tandis que les hommes fument leurs pipes, ont de bons souliers, et s'adonnent à la pêche. Je comparais cette île maudite à une triste solitude, à un rigide couvent où les pauvres Capraiaises expiaient les fautes de nos femmes mondaines.....C'est sur ce rocher que j'ai passé, à quelques jours près, le temps du carnaval, tandis

---

1. Cette île est aujourd'hui, comme on sait, le séjour ordinaire de Garibaldi.

que mes camarades couraient les spectacles et les bals. Mais ce n'était là que le commencement de mes maux; j'étais réservé pour bien d'autres aventures.

Revenons à ma mission. Je suis parvenu à réunir dix mille sacs de blé, dont j'ai formé un petit convoi de quatorze voiles. Ce n'était pas tout : le convoi formé, il falloit partir, et le vent était presque toujours contraire. Sortait-on; bientôt le convoi, poursuivi par l'ennemi, était contraint de rentrer dans le port. D'autres fois, poursuivi, chassé vivement, il se dispersait dans les divers ports de la Corse, voisine de Capraja. Il fallait de nouveau se réunir, et attendre le vent favorable. Enfin mes peines furent couronnées de succès; à la faveur d'une nuit obscure, le convoi échappa à la surveillance de l'ennemi, et entra dans Gênes. Dieu sait ce que les grains s'y sont vendus, et quelle fortune ont faite les propriétaires de ces grains, qu'il fallait contraindre à se mettre en mer.

Pour moi, le malheur me poursuivait. J'étais monté sur un petit corsaire et formais l'escorte ; je fermais la marche du convoi. Celui-ci entrait dans Gênes lorsque le jour parut; moi, j'en étais encore à quelque distance, et me trouvais au milieu de la flotte anglaise. Une frégate et un brick

ennemis étaient très près de moi. La frégate met
aussitôt en travers, fait signe au brick de me donner
chasse. Il marchait mieux que moi : au bout d'une
heure il me gagne de voiles, et me force d'amener
pavillon. L'Anglais, impatient de jouir de sa prise,
essaie de nous remorquer ; mais c'était chose
impossible, tant la mer était grosse et le vent
violent. Il était huit heures du matin ; il espérait
que le vent se calmerait, et nous faisait en attendant marcher sous sa voilure et à portée de son
canon.

La journée peu à peu s'écoulait ; nous faisions
route vers Minorque. Le vent, au lieu de diminuer,
augmentait ; la mer était furieuse : l'Anglais, craignant que nous ne lui échappions à la faveur de la
nuit, nous criait de mettre en travers pour nous
faire remorquer ; autrement il nous menaçait de
nous couler. Chaque fois il accompagnait sa menace d'un coup à mitraille. Nous essayions alors
d'exécuter la manœuvre *conseillée*, mais inutilement ; car aussitôt notre bâtiment donnait tellement à la bande, que nous courions risque de cha-
virer. Les vagues balayaient continuellement le
pont, et remplissaient d'eau la petite chambre du
capitaine, où nous étions pour ainsi dire ensevelis,
entassés les uns sur les autres. J'avais pour compagnons de voyage deux officiers corses, parents

du général de brigade Franceschi, une pauvre
dame et ses deux petits enfants. Nous vomissions
jusqu'aux entrailles ; les matelots eux-mêmes,
couchés dans leurs hamacs, ne voulaient plus manœuvrer, se croyaient perdus et se recommandaient
à leur saint Nicolas. Le bâtiment était petit et
mauvais ; on désespérait de son salut, tout le
monde souhaitait d'être remorqué par l'Anglais,
et de passer à son bord. Quatre marins seulement
s'occupaient encore du bâtiment, et restaient sur le
pont. Je m'y traînais aussi de temps à autre pour
les encourager, quoique j'eusse grand besoin moi-
même d'encouragement. Malgré la tempête, l'An·
glais ne nous perdait pas de vue, espérant que la
mer se calmerait. A l'approche de la nuit, il nous
somma plus furieusement que jamais d'arriver à la
remorque, sous peine d'être coulés à fond. Il lui
eût été facile d'exécuter sa menace, car notre bâtiment, donnant sans cesse à la bande, découvrait
jusqu'à sa quille, et offrait un libre champ aux
boulets de l'ennemi..... « Pauvre Drouin, me
disais-je, on va te noyer comme un chien, tu vas
périr victime de la barbarie d'un Anglais...! » Mais
je me disais aussi que plusieurs de nos corsaires
ne s'étaient fait aucun scrupule d'agir avec la
même barbarie, de couler leurs prises après les
avoir dépouillées, pour les soustraire aux droits de

la République, et s'éviter la peine de les conduire dans un port; que l'Anglais me prenait sans doute pour un de ces pirates, et qu'il usait de représailles avec d'autant plus de raison, qu'il désespérait de me remorquer, et craignait que sa proie ne lui échappât. Tandis que je faisais ces réflexions peu consolantes; ô bonheur! Son mât de misaine casse; sa manœuvre est entravée, bientôt nous sommes hors de portée de son canon. La nuit survient; il nous perd de vue; nous sommes libres!

Nous échappions à l'Anglais, mais le danger de la mer restait le même. Nous avions déjà de fortes avaries, notre gouvernail aux trois quarts brisé, nos voiles en lambeaux.... Enfin, après avoir flotté comme une épave au gré des vents pendant deux jours et trois nuits, — toujours entre deux eaux, la pluie du ciel et les lames; — nous prenons terre au pied du fort de Brigançon près de Toulon. En débarquant, nous apercevons tout d'abord la carcasse d'un navire anglais, naufragé dans cette tempête, et quarante cadavres étendus sur le sable.... Nous l'avions échappé belle, mais j'en étais quitte pour la peur, une petite fièvre de fatigue et un gros rhume. Je me reposai un jour, renvoyai le bâtiment se refaire à Toulon, pris congé de mes compagnons plus las que moi, et continuai ma route par terre jusqu'à Nice.

Là, j'apprends que notre armée est coupée, que je ne puis rejoindre Masséna qu'en reprenant la mer, et risquant de nouveau d'être pris !.. Je me rendis au corps d'armée que commandait de ce côté le général Suchet, dont le quartier général était à La Pietra. Après avoir couru quelques jours avec lui les montagnes, et m'être assuré de la situation des choses de ce côté, je m'embarquai de nuit dans une chaloupe armée de huit bons rameurs, et fus assez heureux pour échapper à la croisière.

Je rejoignis mon général et les camarades sur les hauteurs de Voltri : ils étaient occupés à se battre. Tout le monde tomba des nues en me voyant. On m'avait cru noyé, et même il paraît qu'au milieu des regrets que l'on témoignait de ma perte, et d'une fin si malheureuse, un mauvais plaisant s'était permis de dire que ce genre de mort (par l'eau) avait dû être bien tragique pour moi....

D'après les renseignements que je donnai à Masséna, il se décida à envoyer de suite son chef d'état-major (Oudinot) près du général Suchet ; et vingt-quatre heures après, craignant qu'Oudinot n'eût été pris, il m'expédia de nouveau pour porter à Suchet un *duplicata* des mêmes instructions. J'eus encore la chance de passer ; c'était la troisième fois que j'échappais aux Anglais, qui chaque fois m'avaient aperçu et donné vivement la chasse. Le général Oudinot était pareillement arrivé à bon port.

Il s'agissait de s'emparer des redoutes de Saint-Jacques. C'était le seul moyen d'opérer la jonction avec Masséna. On fit les dispositions en conséquence ; rien ne fut négligé pour la réussite, mais nous n'avions que cinq mille hommes à opposer à huit mille grenadiers, les meilleures troupes de l'Empereur, retranchés dans des positions pour ainsi dire inexpugnables. Cependant il s'agissait de délivrer Masséna ! Nous marchons sur trois colonnes. Je me mis avec celle qui devait faire la principale attaque, elle était commandée par le général polonais Dombrowski , d'une grande bravoure. Je marchais à côté de lui, en avant de la troupe que nous encouragions. Elle s'avança jusqu'au pied des retranchements, défendus par un triple rang de grenadiers qui nous criblaient de leurs feux. Nous vîmes tomber à nos côtés plus de deux cents braves ; bientôt il fallut désespérer du succès et songer à la retraite. Les deux autres colonnes, qui avaient attaqué avec la même vigueur, était également contraintes de céder au nombre.

Après cet assaut aussi meurtrier qu'infructueux, il n'y avait plus d'espoir d'enlever Saint-Jacques ni d'opérer la jonction. Il importait de faire connaître la situation à Masséna, pour qu'il sût qu'il ne devait plus compter que sur ses propres ressources, jusqu'à l'arrivée des secours qui lui étaient promis de France. D'un autre côté, le général Reille avait apporté le plan de campagne ; il était urgent que Masséna en eût connaissance, pour faire concorder ses opérations avec celles du Consul. — Allons, Drouin, il faut t'embarquer encore une fois! Deux barques sont préparées à cet effet ; l'une pour moi, la seconde pour un autre officier attaché pareillement à Masséna. Nous prenons tous deux communication du plan de campagne : si l'un de nous est pris, l'autre peut échapper...

Nous partons de la Pietra à la nuit tombante, nous voguions à merveille et le temps était bon. Malheureusement les nuits étaient déjà courtes ; nous étions encore à une demi-lieue de Gênes quand le jour nous surprit. Je marchais mieux que mon camarade et le devançais d'assez loin ; aussi fus-je aperçu le premier des Anglais. Leurs chaloupes canonnières se mettent à ma poursuite ; je suis atteint, forcé de me rendre ; mais j'avais eu le temps de jeter mes dépêches à la mer et le plaisir de s'être emparé d'un officier avait fait d'abord négliger à ces messieurs l'autre chaloupe. Questionné à ce sujet, je leur dis que c'était sans doute une de leurs embarcations qui me donnait chasse. Mais bientôt, s'apercevant que cette chaloupe se détournait et cherchait à gagner Gênes, ils se mirent à sa poursuite. Heureusement ils s'y prenaient trop tard, et mon camarade leur échappa.

Pour moi, pris pour tout de bon après m'être tiré trois fois de leurs griffes, j'ai payé cette fois pour toutes. Du reste, je n'ai qu'à me louer de MM. les Anglais ; rien ne m'a été pris, ils ont eu pour moi les meilleurs procédés. Je n'ai qu'un reproche à leur faire, c'est de m'avoir gardé quarante-cinq jours à bord : sans doute ils ont voulu que je me souvienne toute ma vie de leurs honnêtetés. J'avoue que cette quarantaine m'a paru longue. Chaque matin me retrouver dans le port de Gênes, à portée de canon, sans pouvoir y entrer, c'était une cruelle épreuve ! Avec leurs lunettes d'approche, je reconnaissais les maisons, les palais ; je voyais, je comptais tout mon monde, et ne pouvais en approcher ! J'étais là comme Tantale aux enfers. Je jugeais de toutes les sorties comme si j'y eusse été ; j'étais témoin de tous les préparatifs, de tous les mouvements.

En flattant l'orgueil des Anglais, je tirais aussi d'eux bien des renseignements. Il fallait pour cela attendre l'issue du dîner : le moment où, les têtes étant déjà échauffées, on faisait circuler à la ronde des bouteilles d'excellent vin de Porto qui se poursuivaient sans pouvoir jamais s'attraper, malgré le soin que prenaient les convives de les alléger au passage. On restait à table ainsi des heures entières après le dîner. Pendant ce temps on fumait, on portait des toasts, on politiquait... Ils buvaient à un vent favorable, au roi Georges ; je buvais à la République. Plusieurs fois, admirant la résistance héroïque de Masséna, ils portèrent sa santé ; je les remerciais en buvant à M. Pitt. C'était, disais-je, un grand ministre, dont nous admirions les talents. Ils rendaient, du reste, la même justice à Buonaparte.....

J'ai passé les huit premiers jours à bord de l'amiral lui-même, le lord Keith, qui m'a fait dîner, trois fois à sa table. Le reste du temps, je mangeais avec les officiers ; il en a été de même sur les autres bâtiments. Les capitaines mangent seuls, engagent à tour de rôle un officier, et j'étais invité à mon tour comme les autres.

J'ai été particulièrement satisfait des bons procédés de l'amiral. Lorsque je fus pris par les canonnières, on me conduisit directement à son bord. Il me reçut au son de la musique guerrière, fit faire des évolutions à une centaine de soldats qu'il avait à son bord. Je trouvai tout superbe ; je vantai la propreté du navire, la beauté de la musique, les manœuvres des soldats (qui gesticulaient comme des forcenés) ; l'élégance de leur uniforme (chapeau rond, habit-veste). Le lord, enchanté, ordonna que mon sabre me fût rendu aussitôt, et me le remit en personne.

Il est de la famille des Stuarts. C'est un homme de quarante huit à cinquante ans, d'une belle figure, parlant bien français, et qui a vécu quelque temps en France. Le pauvre homme est affligé de quarante millions de fortune, dont trente-deux gagnés depuis la guerre. L'amiral a un huitième de tout ce qui se prend sur mer ; bâtiments de guerre, bâtiments marchands, cordages, mâts, tout est évalué, tout est payé ; le gouvernement ne se réserve rien. Aussi il y a de petits marmots de gardes-marines qui comptent pour cent mille francs de parts de prises depuis la guerre. Le lord Keith est l'amiral le plus riche de l'Angleterre. C'est lui qui commandait à Toulon, qui a pris le Cap et la flotte hollandaise, l'île de Ceylan et toutes les possessions de la Hollande et de la France dans l'Inde, et qui enfin doit toucher 70,000 louis pour sa part des prises faites tout dernièrement sur les Espagnols. Le pauvre homme !

Enfin il y a un terme à toutes choses. Après quarante-cinq jours passés à bord de ces Messieurs,

j'ai obtenu d'être renvoyé sur parole, et débarqué
à Menton. J'appris là presqu'aussitôt l'évacuation
de Gênes : je me rendis de suite à Antibes, où je
devais trouver Masséna. Là, j'appris avec joie que
mon général avait songé à moi, et que j'étais
rendu sans échange ; il a exigé cette condition de
lord Keith. Cette nouvelle m'a fait bien plaisir, car
j'avais tout lieu de craindre que mon échange
ne traînât en longueur. Donc je suis libre, et puis
guerroyer sur de nouveaux frais! Depuis ce moment,
nous avons toujours été en route, car Masséna est
reparti aussitôt pour Finale, afin d'y reprendre le
commandement de sa petite armée. Mais, à peine
arrivés à Finale, nous avons appris les succès
étonnants de Bonaparte, et la capitulation de
Melas. Nous avons reçu en même temps l'agréable
nouvelle que Masséna était nommé au commandement des deux armées, et qu'il fallait faire notre
paquet pour Milan....

Je t'embrasse,

DROUIN.

UNE PETITE VILLE

PENDANT

LA TERREUR

UNE PETITE VILLE

PENDANT LA TERREUR [1]

Le tableau le plus instructif, le plus saisissant de la situation d'une petite ville française pendant la Terreur, est celui qu'a tracé d'après nature Lombard (de Langres), dans quelques chapitres de ses *Souvenirs*, publiés au commencement de la Restauration. Lombard était un homme de beaucoup d'esprit, et de meilleur conseil pour les

---

1. Cette étude, publiée il y a quelques années dans la *Revue de France*, a aujourd'hui, plus que jamais, le mérite de l'à-propos. Elle se rattache d'ailleurs par un point essentiel, aux lettres de l'abbé C... C'est le tableau le plus vrai, le plus saisissant qui ait été tracé par un contemporain, de la situation, pendant la Terreur, des petites villes voisines de Paris ; — situation terrible, à laquelle notre jeune abbé, citoyen d'une de ces villes (Soissons), sut se soustraire de la façon la plus honorable, en prenant le parti des armes.

autres que pour lui-même. Parvenu au déclin de l'âge, ennuyé d'avoir joué un rôle trop infime et de ne pouvoir plus en jouer aucun, il avait écrit ses *Souvenirs* à bâtons rompus, mêlant à ses aventures et à ses impressions personnelles quantité d'anecdotes glanées çà et là, pendant la Révolution et l'Empire. Nous lui empruntons les détails qui suivent, complétés par des documents contemporains, et des traditions locales que nous avons personnellement recueillies.

Lombard, fils d'un bourgeois aisé de Langres, avait fait ses *humanités* à Chaumont en Bassigny, dans un collège alors en vogue, où les « Pères de la doctrine chrétienne » avaient remplacé les jésuites. Quelques-uns des maîtres affiliés à cet ordre, que la Révolution allait rejeter dans le monde, devaient y faire un chemin fort étrange. Ainsi, Lombard eut là, comme professeur de quatrième, un bon père Manuel, le même qui fut procureur de la Commune de Paris en 1792 : pour professeur de philosophie, un père Jacob Dupont, qui devint membre de la Convention, et y fit profession publique d'athéisme, à la tribune, en décembre 1793. (Il est vrai qu'alors il était déjà aux trois quarts fou, et qu'il le devint complétement peu de temps après.) D'autres, en revanche, étaient les meilleures gens du monde, surtout le père Barbe, qui cumulait les fonctions de professeur de belles-lettres et de préfet des études. Philippe Barbe mériterait d'être canonisé, s'il faut croire tout le bien que dit de lui son ancien élève. Celui-ci avait, il est vrai, des motifs tout particuliers de reconnaissance et d'affection pour ce vieux prêtre, aussi charitable et indulgent que pieux ; dont l'intervention l'avait naguère préservé, dans ses dernières années de collége, des conséquences d'une très grave étourderie [1]. L'ouvrage de Lombard est aujourd'hui si rare et si peu connu, qu'on nous saura sans doute gré de reproduire le beau récit que nous y trouvons de la mort du père Barbe, qui peut bien s'appeler un martyre.

---

1. Les élèves du collége figuraient souvent en costume religieux dans les grandes fêtes. Un beau soir, à la faveur de cet habillement et de l'obscurité, le jeune Lombard s'était faufilé dans un confessionnal pour entendre la confession d'une jeune femme. Cette escapade très-blâmable fut découverte, et aurait pu avoir des suites fort graves sans l'intervention du père Barbe, qui étouffa l'affaire. L'étourdi en fut quitte pour une semonce bien méritée, et l'engagement d'honneur de ne jamais révéler rien de ce qu'il avait entendu.

« Après avoir encore professé pendant quelques
années ; déjà vieux, mais sans infirmités, il quitta
Chaumont et vint à Paris, dans la maison que les
Pères de la Doctrine chrétienne avaient alors sur
la montagne Sainte-Geneviève. Mais, quand il
arriva dans cet asile du repos, pour mettre un jour
d'intervalle entre les occupations de la vie et celles
de la mort, le repos n'existait plus dans Paris...

« J'étais dans cette ville longtemps auparavant :
je lui écrivais en province, il avait mon adresse. Je
me trouvai à la portière de la diligence quand il
en descendit. Il quittait rarement sa cellule. Deux
chambres tapissées de ses livres ; une chapelle dé-
serte ; un jardin où l'ombre d'un berceau de
tilleuls l'invitait quelquefois à descendre ; quelques
vieillards infirmes, un supérieur toujours absent,
des valets peu serviables, voilà quel était son
univers...

« Nous étions près l'un de l'autre, lui rue des
Fossés-Saint-Victor, moi rue Saint-Dominique-
d'Enfer... Quel était l'objet de nos fréquents entretiens, ou plutôt de ses leçons ? Les grands hommes
de l'Écriture, les génies de Rome et d'Athènes...
Mais il s'agissait bien de Moïse, d'Euripide, d'Ho-
race ! Le 10 août venait de noyer dans le sang le
trône et ses débris ; quelque chose d'encore plus
horrible se préparait.

« Manuel, ancien professeur à Chaumont, Manuel, agent d'une Commune usurpatrice et affolée,
s'occupait à parquer dans plusieurs enceintes, pour
les faire égorger le lendemain, tous les prêtres de

la capitale qui n'avaient pas cru devoir prêter le
serment... Le père Barbe était du nombre. Manuel
voit son nom sur la liste de proscription, et les
barrières sont fermées ! et les meurtres vont commencer ! Étrange ascendant du père Barbe sur tous
ceux qui le connaissent ! Manuel est au désespoir ;
il le fait chercher à l'Abbaye, aux Carmes, à la
Conciergerie, à Saint-Firmin !... Le père Barbe ne
s'y trouva point. Prévenu je ne sais comment [1],
il avait quitté sa maison à temps et s'était réfugié
non loin de là, parmi des tas de pierres auprès du
Panthéon. Il était six heures du soir...

« Tout à côté demeurait un de ses anciens
élèves, M. Boucheseiche, qui tenait une pension
place de l'Estrapade. Il aperçoit le père Barbe :
« Ah ! grand Dieu, que faites-vous là ? » et il le
conduit chez lui.

« Cependant Boucheseiche, déjà soupçonné de
recéler des ecclésiastiques, savait qu'on devait venir
la nuit suivante faire une perquisition dans son
domicile. En indiquant à son ancien maître le lit
qu'il devait occuper dans le dortoir, Boucheseiche
le prévient de cette visite dangereuse ; le supplie, si
on l'interroge, de ne pas dire qu'il est prêtre. —
« Petit, si l'on me le demande, je dirai que je suis
prêtre. — Mais, mon père, vous vous perdrez ! —
Petit, je ne me sauverai pas par un mensonge. —
Mon père, je vous en conjure ! — Je ne le puis
pas. — Mais, si ce n'est pas pour vous, que ce soit

---

1. Lombard avait été arrêté lui-même la nuit précédente.

pour moi ; si l'on vous découvre ici, on va m'arrêter avec vous ! »

« Cette fois, le vieillard se tait ; l'autre pense l'avoir convaincu... Mais il n'est pas plutôt hors de vue que le père Barbe descend, se fait ouvrir la porte et disparaît...

« Quelle nuit ! quel silence ! il n'était interrompu que par les coups des bourreaux et le râle des mourants. Cinquante hommes armés eussent dissipé, foudroyé les brigands ; et Paris était muet, et les habitants se tenaient enfermés... » (Comme c'est bien cela toujours !)

« Plus heureux qu'il ne le méritait, Manuel, au fort du crime, eut un moment les jouissances de la vertu. Les sicaires, ayant arrêté dans la rue le père Barbe qui se réclama de lui, le conduisirent en sa présence... Sans s'effrayer des représentations, des menaces de ses complices, Manuel expédie à son ancien collègue un passeport qu'il signe lui-même, y joint quelques pièces d'or, et fait conduire sous bonne escorte le père Barbe hors de Paris [1].

« Laissé libre sur la grande route de l'Est, que devint-il ? Fit-il ces soixante lieues à pied ? C'est ce qu'il n'a pu dire et ce qu'on ne sut jamais. Il eut tout juste la force d'atteindre Chaumont, de s'y traîner jusqu'à la porte de son vieil ami P...., dans les bras duquel il expira quelques heures après sans avoir pu proférer une parole (le 8 octobre).

---

1. Dans ce passeport, Barbe était qualifié, dit-on ; fort *honnête homme, quoique prêtre.* (Art. *Barbe,* par Weiss, *Biographie Michaud.*)

« Repose en paix, homme de bien ; et, si du ciel on voit ce qui se passe ici-bas, jette encore un regard sur ton disciple [1] ! »

Ce disciple faisait l'école buissonnière sur une grande échelle depuis la Révolution. Il avait commencé par être clerc de procureur, puis délaissé la basoche pour la littérature. Le fragment que nous venons de transcrire suffirait à prouver qu'il y avait en lui l'étoffe d'un bon écrivain ; malheureusement cette étoffe ne fut jamais que tailladée et chiffonnée assez capricieusement. On a quelque peine à se retrouver dans ces pages où l'auteur, romantique avant le temps, consignait pêle-mêle, sans souci des lieux et des dates, ses impressions,

---

1. Tous les documents contemporains confirment ce bel éloge du père Philippe Barbe. Il fut un des plus savants hellénistes de son temps : le digne maître du célèbre d'Ansse de Villoison. Son *Manuel des Rhétoriciens* (1759) a été longtemps classique ; il est aussi l'auteur de deux volumes de *Fables* (1762, 1771), dont plusieurs sont fort jolies. Son désintéressement, sa charité égalaient son érudition. En quittant Chaumont, il avait fait don au collège de sa belle et nombreuse bibliothèque, pour l'usage des élèves. Une pension de 800 livres dont il jouissait depuis quelques années sur la cassette de la Reine, passait toute entière en aumônes. Il eût été à désirer que toutes les faveurs de la cour fussent aussi méritées ; et pourtant ce fut là sans doute l'une des causes de la proscription, de la fin douloureuse de ce vieillard septuagénaire. Telle est la justice des Révolutions !

ses aventures personnelles et celles des autres, à mesure qu'elles lui revenaient à la mémoire.

De 1789 à 1792, Lombard s'était essayé dans bien des genres ; il avait tâté de tout, même du mariage, fabriqué des articles de journaux, des contes dans le genre de ceux de Marmontel pour former la jeunesse, et d'autres plutôt propres à la déformer. Il avait aussi fait jouer une comédie satirique contre Necker, *le Banquier de Genève*. Lui-même nous apprend que « cette pièce avait eu d'abord du succès au théâtre Montansier, mais que, transportée depuis aux Français, elle y tomba *par cabale, comme racontent tous les auteurs tombés*. » Après s'être d'abord jeté assez vivement dans la Révolution, il se dégoûta bientôt et s'épouvanta de ses excès. Mais il avait conservé prudemment des liaisons avec certains patriotes des plus ardents, du moins en paroles. L'un d'eux, son voisin, et commissaire de leur section (celle de l'Observatoire), où Lombard avait été dénoncé à la fin d'août, lui sauva probablement la vie en se chargeant de l'arrêter, dans la nuit du 1er au 2 septembre. Au lieu de le mener à l'Abbaye, il le consigna pendant quelques jours dans son domicile, après l'avoir rudoyé officiellement pour l'édification des citoyens armés de piques qui assistaient à cette entrevue. Il trouva moyen de lui dire à voix basse : « Vous voilà sauvé pour cette fois ; vous ne savez pas quelles horreurs se préparent. Je laisse à votre porte un de ces hommes ; c'est le moins méchant, traitez-le bien. Dès que je pourrai vous rendre la liberté, allez à votre section, où vous ne paraissez jamais. *Dites-y comme les autres ;* on ne sait où tout ceci s'arrêtera... »

Lombard suivit ce conseil, et pendant quelque temps s'efforça « de dire comme les autres », ou du moins de se taire. Mais un jour, il ne put se tenir de combattre la motion d'un patriote enragé, qui demandait qu'on se portât séance tenante au Val-de-Grâce pour en démolir la grille et la convertir en piques. Notre avocat parvint à faire rejeter cette proposition ; il était enchanté de sa journée. « Vous avez fait là un beau chef-d'œuvre ! lui dit le lendemain son ami. — Quoi ! cette grille, vous vouliez qu'on la détruisît ? — On détruira bien autre chose, ma foi ! Vous ne savez donc pas que ce Desmoutiers mène la section ? — Pas hier, au moins ! — Qu'il est serrurier ? — Je m'en doutais. — Qu'il y a longtemps qu'il médite cette opération, et que vous l'avez empêché de faire un gros bénéfice? — C'est ce que j'ai dit.—Il ne vous pardonnera pas ; vous êtes perdu. — Comment l'empêcher ? — En quittant cette section tout de suite, sans donner votre nouvelle adresse, et vous jeter dans un quartier éloigné. »

Lombard fit mieux; il se « jeta », le soir même, dans une voiture de poste avec sa femme enceinte et un premier enfant âgé de treize mois, et fut s'ensevelir dans une petite ville de province où il avait quelques amis.

Il avait assez bien choisi son lieu de refuge. Villeneuve-sur-Yonne (ci-devant *le–Roi*), est déjà à trente lieues de Paris, distance considérable à cette époque. Cette localité, peuplée de quatre à cinq mille âmes (elle n'en a pas plus aujourd'hui), n'était pas même chef-lieu de district, circonstance qui promettait une tranquillité relative. Elle est encadrée dans un paysage assez gracieux, qui devait alors paraître une succursale du paradis terrestre à des échappés de l'Enfer parisien. A droite, en arrivant, une jolie rivière et des coteaux couverts de vignes; à gauche, des moulins, des prairies, des bois, un vallon charmant (*Valprofonde*). Sauf la meilleure partie des bois en moins, et, en plus, le bruit et la fumée du chemin de fer, qui a mis Villeneuve à trois heures de Paris, l'aspect du pays n'a pas sensiblement varié. Traversée dans sa plus grande largeur par la grande route de Paris à Lyon, cette ville, alors comme aujourd'hui, ne se composait guère que d'une courte section de cette grande route, c'est-à-dire d'une seule rue, fermée ou plutôt décorée, à ses extrémités, de deux portes, débris assez curieux d'une enceinte fortifiée qui remonte à Louis VII. Cette rue était surnommée *le dos d'âne* à cause de son pavage bombé. Il y a aussi la place de l'Église, qui coupe cette voie principale en deux parties à peu près égales.

Le « dos d'âne », où faisaient halte toutes les voitures publiques et autres cheminant dans la direction de Paris et *vice versâ*, était, comme de raison, le lieu de promenade et le rendez-vous habituel des badauds : bourgeois, mariniers et vignerons de Villeneuve, à l'affût des nouvelles de Paris. On remarquait dans cette population des types assez curieux ; un ancien négociant ayant gagné une assez grosse fortune dans l'Inde, d'où il avait rapporté « des chemises de mousseline et des idées de l'autre monde » ; un vieux caporal invalide connu, comme beaucoup de ses confrères,

sous le sobriquet de *La Violette,* qui vous eût « sa-
bré le Père Éternel lui-même s'il l'eût soupçonné
d'aristocratie ».

L'un des gros bonnets de la localité était un
cafetier-épicier nommé Abel, jadis garçon chez
Maure, épicier à Auxerre, lequel était devenu ce
fameux Maure, membre de la Convention et son
délégué dans le département de l'Yonne. Nul n'est
prophète dans son pays ; malgré son pouvoir dic-
tatorial, son écharpe et ses panaches, Maure avait
été assez mal accueilli par d'anciennes connais-
sances. Lors de sa première tournée à Villeneuve,
Abel ne s'était pas gêné pour crier en plein « dos
d'âne » à son ancien patron : « Tu nous dis d'être
sans-culottes, tu nous dis de faire ci, tu nous dis
de faire ça ; et toi, quand nos mariniers n'ont au
cœur de l'hiver que des pantalons de coutil et
soufflent dans leurs doigts, tu es fourré comme un
lapin, ce qui ne t'empêche pas, à table, de te
mettre le dos au feu ! Si tu es un brave homme,
tu as b... changé sur la route d'Auxerre à Paris ;
car, quand j'apprenais mon métier chez toi, tu
vendais à tes pratiques de la poire d'Auvergne
pour du poivre, et des mouchures de chandelle
pour du noir de fumée. »

Parmi les habitués de la grande rue, figurait aussi un citoyen Vautrin, cuisinier en retraite. « Il savait lire ! et la politique était son fort. Le temps qu'il ne consacrait pas à retourner lui-même sa vigne, il le consacrait à commenter les décrets de la Convention et les arrêtés de la Commune de Paris, dont les plus incendiaires ne lui semblaient qu'anodins. Au déclin du jour, sur le bord d'un fossé, M. Vautrain réunissait les vignerons, et leur inculquait d'une voix doucereuse les maximes du Père Duchêne et de Marat. Ses enseignements portaient leur fruit ; en rentrant en ville, les vertueux disciples de Vautrin nous saluaient de temps à autre, de ces douces paroles : *la mortalité n'est que sur les bourgeois ; il n'y a pas de mal à ça.* »

Enfin, il y avait encore dans Villeneuve, mais se tenant fort à l'écart, deux hommes d'une véritable valeur. Ils tâchaient de *vivre*, suivant l'énergique expression de Sieyès. L'un de ces personnages était Gau, ancien commissaire-ordonnateur de la guerre, qui a rempli d'importantes fonctions de diverse nature sous le Directoire, l'Empire et la Restauration. L'autre réfugié, beaucoup plus jeune, était Joubert (l'auteur des *Pensées*), depuis conseiller à la Cour de cassation.

Lombard, lui aussi, avait d'abord vécu plusieurs mois dans la retraite ; ce ne fut que dans les derniers jours de mars (1793), qu'il commença à se mêler aux conciliabules du « dos d'âne ». Les démêlés de Dumouriez avec la Convention, sa malheureuse rentrée en campagne, étaient alors l'objet de toutes les conversations. On demanda à Lombard ce qu'il pensait de Dumouriez. « Je pense, répondit-il, qu'avant peu il passera à l'ennemi... Un cri d'improbation m'annonça que j'avais insulté l'idole des patriotes ; l'un d'eux me dit que j'étais un aristocrate qui avait mal pris son temps pour venir de si loin annoncer de pareilles choses. Je m'en fus bien vite me rencogner dans mon trou. » Craignant de s'être encore sérieusement compromis, il songeait à déguerpir, quand, huit jours après, les gazettes annoncèrent la défection de Dumouriez ! « Il y eut queue à ma porte. J'étais un politique profond, j'étais un phénix, j'étais mieux que ça :

Vive Jésus ! ma mère, il est sorcier ! »

L'accomplissement de cette prophétie lui ouvrit, comme il dit, « un crédit illimité sur le dos d'âne ». Bientôt il devint tout à fait populaire, en donnant des consultations de droit qui obtinrent d'autant plus de vogue qu'elles étaient gratuites. Les jours de marché surtout, il n'y suffisait pas. Aussi le vit-on bientôt membre, puis président de la Société populaire.

Il était temps qu'un homme d'esprit s'immisçât dans la conduite de cette Société. Elle venait de faire, coup sur coup, deux « actions d'éclat » qui auraient pu avoir des conséquences fort pénibles. D'abord, après les événements du 31 mai et du 2 juin, elle avait pris parti pour la Gironde et notifié aux Jacobins, par déclarations en bonne forme, transcrite sur le registre des délibérations, qu'elle ne voulait plus rien avoir de commun avec la Société mère, tant qu'elle compterait au nombre de ses enfants des scélérats tels que Robespierre. Marat et autres brigands pareils... Ce n'était pas tout. Apprenant l'insurrection de Lyon, les patriotes de Villeneuve, à la suite d'une seconde délibération, non moins soigneusement transcrite, avaient pareillement notifié aux Lyonnais qu'ils les approuvaient sans réserve, et se tenaient prêts à joindre *leurs troupes* à l'armée lyonnaise. « Puis ils avaient fermé leur club, et, les bras croisés, attendaient que Lyon s'avançât. » Par le temps qui courait, il n'en fallait pas plus, comme dit Lom—

bard, pour faire décréter à Paris que, désormais, l'Yonne aurait à prendre son cours au travers de Villeneuve, pour balayer cette population aristo-crate.

Ils en étaient là, et commençaient pourtant à s'inquiéter des suites, quand Lombard fut porté à la présidence. Il s'empressa de leur tracer une règle de conduite appropriée aux circonstances.

« Dépêchez-vous de rouvrir vos clubs; criez bien fort et ne faites rien ; que vos maisons soient flamboyantes de drapeaux, et le dos d'âne pavé de bonnets rouges ; que tous ceux qui viennent de Paris soient édifiés de tant de civisme ! — Mais notre pacte avec les Lyonnais ? — Lyon n'est pas encore rendu ; s'il triomphe, vous n'avez rien à craindre ; s'il succombe, qui voulez-vous, dans le sac d'une ville, qui s'occupe d'un chiffon de papier ? — Mais notre adresse aux Jacobins de Paris ? — Voilà le diable ! Si elle est mise à l'ordre du jour, si elle est lue en séance publique, c'est fait de nous. Mais commencez toujours par la biffer de votre ancien registre, ainsi que votre traité offensif avec Lyon ; ou plutôt, remplacez ce registre par un autre dont ces délibérations seront retranchées, et nous verrons après !

« Nous travaillâmes ainsi des pieds et des mains à regagner le temps perdu. Le club était rouvert, la grande rue pavoisée de pied en cap ; les bonnets rouges foisonnaient. Chaque maison était bar-

bouillée en lettres majuscules du plus beau rouge
d'ocre, de l'inscription obligée : *Unité, indivisibi-
lité de la République ; liberté, égalité, fraternité ou
la mort !!!* Toute diligence, toute chaise relayant
au Chapeau-Rouge était assourdie du cri mille
fois répété de *Vive la Nation !...* Les Spartiates de
Paris faisaient-ils un repas devant leurs portes,
les singes de Villeneuve en faisaient deux.
Dépêché dans l'autre monde par Charlotte Corday,
Marat obtient les honneurs du Panthéon ! Vite, à
Villeneuve, répétition de l'apothéose, procession
générale en l'honneur du nouveau saint. Tout le
monde en était, personne aux fenêtres pour nous
voir passer, c'était superbe [1] !

« Des commissaires de Chaumette, le grand dé-
nicheur de suspects, nous arrivent-ils pour inter-
roger nos physionomies ? Le coup est prévu, les
mesures sont prises. D'abord grande réception à la
Jacobinière, discours d'apparat, puis banquet avec
matelote et copieuses libations de vin du cru.
N'ayez peur qu'on laissât ces chenapans coucher
à l'auberge ! Chacun de nous s'en chargeait à tour
de rôle ; et, jusqu'à ce qu'ils fussent réemballés
pour porter nos compliments au procureur général de la Commune de Paris, nous ne les quittions
non plus que leur ombre.

---

1. Lombard avait sans doute calculé, bien qu'il ne le
dise pas, que cette démonstration empressée était de nature à amadouer le proconsul Maure, qui se vantait à la
Convention et aux Jacobins d'avoir été si intime avec Marat, que celui-ci l'appelait son fils.

« L'un de ces émissaires de la Commune de 93, envoyé à Villeneuve pour « travailler les côtelettes » aux amis de Pitt et Cobourg, était une manière de saltimbanque nommé Truchot, qui reprit son ancien métier après le 9 thermidor. Vers 1820, il faisait encore danser des chiens sur les boulevards. »

Ces précautions n'étaient pas de trop; à chaque instant les gens de Villeneuve entendaient gronder dans leur voisinage la foudre révolutionnaire. Leur inquiétude dut surtout être extrême au mois d'août 1793, quand Maure vint dénoncer à la Convention, comme suspecte de fédéralisme, l'une des Sociétés populaires de son département, celle de Tonnerre, ajoutant qu'à la vérité on ne trouverait rien de répréhensible en apparence dans *l*es papiers de cette Société *et autres semblables*, mais que c'était là une ruse des aristocrates, qui avaient grand soin de ne rien écrire que de très-patriotique [1].

Ceci semblait à l'adresse des pseudo-jacobins de Villeneuve. Ils eurent coup sur coup diverses alertes, dont la plus chaude fut le passage par

---

[1]. Séance du 17 août. Lombard, écrivant de mémoire et au courant de la plume vingt ans plus tard, a omis cet incident caractéristique.

leur localité de l'une des colonnes révolutionnaires parisiennes qui marchaient sur Lyon (octobre). Ces guerriers étaient, comme on sait, d'impitoyables destructeurs d'emblèmes religieux, et s'attardaient volontiers à ces exécutions, moins périlleuses que la guerre. En débouchant sur la place de Villeneuve, les patriotes de l'avant-garde tombent en arrêt devant un Calvaire encore de bout. Ils se mettent en devoir d'abattre, comme ils faisaient partout sur leur passage, ce symbole contre-révolutionnaire. Mais voici que les premiers efforts des démolisseurs mettent au jour quelque chose d'encore plus effroyable ! Cette croix était parsemée de fleurs de lis sculptées dans la pierre, et les habitants de Villeneuve avaient cru payer un tribut suffisant aux idées du jour, en dissimulant ces emblèmes royaux sous un enduit de plâtre. Aux premiers coups, l'enduit se défait, les fleurs de lis reparaissent : nouveau scandale et vacarme plus grand. En même temps, on s'aperçoit que les statues du portail de l'église sont intactes, intacte aussi la croix de fer du clocher ! La rage est au comble, et déjà l'on parle de mettre à sac ce repaire d'aristocratie e t de fanatisme.

Pendant ce temps, Lombard s'était abouché, non loin de là, avec le commandant de cette troupe, dans lequel il avait reconnu, à sa grande surprise, un de ses *pays*, un Langrois qui, craignant d'être arrêté quelque jour à Paris, avait eu l'idée, pour en sortir, de se joindre à cette milice. Tous deux accourent au bruit, et Lombard s'aperçoit que ce chef « n'est que le très-humble serviteur de ses hommes », comme souvent il arrive en temps de révolution. Le sous-chef de ceux-là, et surtout le délégué de la Convention qui les escortait, paraissaient avoir un peu plus d'autorité. Lombard les accoste, et reconnaît deux acteurs du théâtre Montansier qui avaient joué dans son *Banquier de Genève* ou dans son *Français dans l'Inde,* une autre pièce dont nous reparlerons. « Tiens, c'est lui ! — Tiens, c'est toi ! et que fais-tu, ici, parmi ces chiens d'aristocrates ? —Citoyens, j'y fais « de la prose sans le savoir » ; je suis président de la Société populaire. — Paix ! paix ! camarades, c'est le président de la Société populaire; écoutez! Et le sous-chef, et le chef, et le délégué de jurer, par Marat, que de tous les républicains, je suis le républicain le plus pur ! » Ainsi patroné, Lombard put au moins se faire entendre. Sa cause était mauvaise, au point de vue d'un tel auditoire. Il n'en cria et gesticula que plus haut, suivant l'habitude des avocats, mais n'obtint qu'un succès relatif. Il fut décidé, par acclamation, qu'on accordait aux gens de Villeneuve un sursis de douze heures pour descendre la croix de leur clocher ; faute de quoi, la tête du président de la Société populaire tomberait. Heureusement, l'opération, bien qu'assez périlleuse, fut exécutée en temps utile, et les chefs de la troupe, craignant quelque nouvel incident, se hâtèrent d'ordonner le départ. « Ces héros, dit Lombard, ne se mettaient en marche qu'au signal des alarmes. Au lieu d'un rappel ce fut la générale qui se fit entendre : c'est la seule fois qu'elle m'ait fait plaisir. »

Quelque temps après, il eut à subir une autre épreuve qui tourna au comique, après avoir frisé la tragédie. Le blé commençant à faire défaut dans la contrée, la municipalité de Villeneuve décida l'envoi immédiat à Paris de deux délégués auprès de la commission des subsistances. Lombard fut un de ces envoyés.

« Mon collègue, dit-il, ne se souciait guère de cette mission, et moi encore moins. Dans ce temps-là on entrait aisément dans Paris ; on n'en sortait pas de même. D'autre part, refuser, montrer mes appréhensions, c'eût été me dépopulariser, attirer sur moi les soupçons. Je fis donc contre mauvaise fortune bon cœur, et nous voilà en route.

« Il faut dire que j'ai la figure pleine, que je suis grand et gros. Mon collègue était trapu, large et ventru. N'ayant aucune envie de folâtrer dans Paris, nous fûmes droit à la commission. Elle était présidée par le conventionnel Goujon [1]. (Nous lui présentons notre requête ; il nous dévisage et nous dit, avec le plus beau sang-froid du monde : « Vous, Messieurs, des subsistances ! (Notez que cette appellation de *Monsieur*, au lieu de citoyen, était alors à peu près l'équivalent d'un arrêt de mort.) *Messieurs*, quand on a cette rotondité, ces figures de jubilation, on ne vient pas crier famine dans Paris, où l'on se fait arrêter... » Nous battîmes en retraite, mon collègue et moi, sans demander notre reste.... J'en fus quitte pour une ébullition générale, et lui pour un accès de toux qui ne le quitta qu'à Montereau.

« De retour, nous rendîmes compte de notre ambassade. Les besoins étaient si pressants, que

---

1. L'un des députés qui, arrêtés comme complices de l'insurrection jacobine de prairial an III, se suicidèrent devant le tribunal. Ce Goujon, dont on a essayé récemment de réhabiliter la mémoire, valait peut-être un peu mieux que certains autres. Ce n'était pas du moins un terroriste honteux ; il avait osé, en pleine réaction, défendre la mémoire de Marat et consorts, et combattre le rappel des députés proscrits. Mais ces nobles sentiments autorisent à penser qu'il eût agi à l'occasion, comme ceux qu'il admirait.

les chevaux qui nous avaient amenés de Sens remmenèrent deux autres commissaires dont le physique était mieux assorti à la circonstance. Deux échalas, deux harengs saurs ne sont ni plus maigres ni plus efflanqués. « Parlez-moi de ça, dit Goujon en les voyant, voilà des gens qui ont leur pétition écrite sur la figure : qu'on leur délivre des subsistances ! »

Cependant la Révolution marchait toujours : il fallait suivre le torrent ou périr. Un club ne suffisait plus ; on dut organiser à Villeneuve un Comité révolutionnaire, et ce fut encore Lombard qui le présida. Mais du moins, les membres de ce Comité ne firent ni guillotiner, ni emprisonner *personne*. Ils avaient pourtant sous la main quelques prêtres, quelques nobles ou soi-disant tels. « Nous avions, par exemple, le comte d'O, dit Lombard ; il était noble celui-là ! Quant aux autres, ils avaient rêvé qu'ils l'étaient, ce n'était pas la peine de s'en souvenir. » Il avait eu soin de faire prendre la majorité des membres de ce comité parmi les mariniers, qui valaient mieux que les vignerons endoctrinés par l'ex-cuisinier Vautrin. « Une première dénonciation nous fut faite. Elle était terrible, et le dénoncé était un malheureux chargé de famille. Le délateur venait

de lire et tenait encore son papier; l'un des
membres du comité, le marinier Rancelin, le lui
prend, le déchire, et dit simplement : « Quand
vous aurez tué le père, qui nourrira les enfants?»
Et la dénonciation n'eut pas de suite [1].

Un autre jour... « ordre nous vint du procureur général syndic d'aller arrêter sans délai une
bande de brigands retranchée au milieu des bois,
dans un hameau peu éloigné... La République
était menacée ; il fallait cerner le repaire, ne rien
laisser échapper, jeter les conspirateurs dans un
cachot, dresser procès-verbal de leurs papiers et
en expédier les originaux au département, etc. Je
fais battre la caisse! trente gardes nationaux s'ali-
gnent sur le dos d'âne et nous volons à l'assaut. »
Le chef de l'expédition s'était renseigné d'a-
vance. Il savait que cette *Vendée* se composait
d'un vieux chanoine de Beaune, réfugié dans
Valprofonde avec une nièce de dix-sept ans et un
neveu plus jeune encore... Après avoir disposé
sa troupe autour de ce repaire de conspirateurs,
Lombard se détache en parlementaire : il trouve

---

1. Il existe encore aujourd'hui, dans la *marine* de Villeneuve, des descendants de ce brave et honnête homme. Ils
peuvent être fiers d'un pareil ancêtre.

le vieillard effaré, les enfants éplorés. « Ah !
Monsieur ! s'écrie la jeune fille, ne nous faites pas
de mal, nous ne sommes ni des malfaiteurs ni des
aristocrates ! — Aristocrates ou non, Mademoiselle, ce n'est pas de cela dont il s'agit. On vient
vous arrêter, les citoyens qui sont là-bas vont
monter faire perquisition; si vous avez quelques
papiers suspects, donnez-les moi bien vite : ils
seront sacrés pour moi, je vous le jure. »

« Ni la nièce, ni l'oncle qui me serra la main,
ne doutèrent un moment de ma parole. Lui fut
me chercher des papiers; elle, six couverts et deux
petits flambeaux d'argent. — Eh ! Mademoiselle,
les gens qui sont avec moi n'en veulent pas à votre
argenterie. — *Croyez-vous, Monsieur ?...* On monta,
on fouilla, on arrêta, et nous voilà en marche sur
deux haies, nos brigands au milieu de nous, sauf
mademoiselle Delphine, à laquelle j'avais honnê-
tement offert mon bras. — Mais où nous menez-
vous donc, *Monsieur ?* — Quand vous me parlerez,
appelez-moi citoyen. — Où nous menez-vous donc,
citoyen ? — A deux pas d'ici, à Villeneuve, au
débouché du bois ; nous y sommes. — Mais, où
coucherons-nous ? en prison ? — Ma foi, vous m'y
faites songer ; c'est que je ne vois pas du tout de
prison à Villeneuve. — Eh bien ! dans la maison
d'arrêt ? — Il n'y en a pas non plus. — Vous vous
moquez de moi, Monsieur ? — Mademoiselle, j'en
suis incapable. »

Toute réflexion faite, on ne trouva rien de mieux que d'écrouer les prisonniers dans le local de la Société populaire, sous la garde d'un vieil invalide qui faisait l'office de concierge.

« Le lendemain, ce fut autre chose. Un ancien capitaine de la basoche doit s'entendre à griffonner un procès-verbal : celui-là fut rédigé de main de maître. On nous avait requis de faire passer les originaux des papiers saisis. A mon procès-verbal j'annexai un mémoire de linge à blanchir, un cahier de musique et quelques autres pièces de cette importance. Le tout fut adressé à l'autorité par un courrier extraordinaire, mais on n'attendit pas sa réponse pour élargir les prisonniers. »

Lombard plaide ainsi, non sans habileté, les circonstances atténuantes en faveur de ce jacobinisme simulé. Par ces démonstrations on avait chance d'écarter les soupçons : parfois on acquérait assez de crédit pour intervenir impunément et même avec succès en faveur d'innocents gravement compromis. Ce fut ainsi qu'au fort de la Terreur (février 1794) un marinier de Villeneuve, nommé Cornisset, eut la gloire de tirer des griffes de Fouquier-Tinville lui-même dix habitants de l'Yonne, accusés d'avoir fait de mauvaises fournitures de souliers aux armées. « Nous commençâmes, dit Lombard, par nous assurer de leur innocence.... L'accusation n'avait aucun fondement sérieux, mais le danger des accusés n'en était pas moins grand. On n'y regardait pas de si près ; l'on tenait à guillotiner des cordonniers, pour faire voir aux soldats que s'ils marchaient nus pieds, ce n'était pas la faute des Comités... Délégué par le club de Villeneuve, Cornisset prend la poste, va planter le piquet chez Fouquier, parle si haut de l'innocence de ses protégés, s'inquiète si peu de la menace qui lui est faite de le mettre lui-même en jugement s'il persiste à les soutenir, qu'il détermine leur acquittement, et nous les ramène sains et saufs... » Ces prévenus, au nombre de treize, avaient été absous le 23 février, sur les conclusions de Fouquier. Le tribunal fut ce jour-là d'une mansuétude peu ordinaire ; sur dix-neuf accusés, il n'y en eut que six condamnés à mort [1].

Mais ce travestissement jacobin avait de rudes exigences. Ainsi, notre avocat, qui au fond n'était ni jacobin, ni même républicain, avoue, non sans embarras, que son club n'osa se dispenser de fé—

---

[1] Trois de ces accusés de l'Yonne étaient de Villeneuve même, les autres de Joigny et autres localités voisines. V. Wallon, II, 540.

liciter par écrit la Convention à propos du jugement de Marie-Antoinette, et que lui-même eut
la faiblesse de rédiger cette adresse. « Je pourrais
alléguer pour notre excuse, dit-il à ce sujet, que
ce club avait plus d'un acte de courage à se faire
pardonner ; qu'autour de nous on n'arrêtait pas
un individu marquant, qu'il n'eût la généreuse
imprudence d'élever inutilement la voix en sa faveur..., que nous ne félicitions la Convention de
cette nouvelle atrocité, qu'après bien d'autres sociétés populaires ; mais qu'est-ce que cela pour
notre justification ? Il n'y a qu'un mot qui serve :
*Que celui qui est sans péché nous jette la première
pierre!* » En effet, à l'époque où Lombard décrivait,
il existait encore de nombreux témoins de la Révolution, dont plusieurs avaient à se reprocher de
semblables capitulations de conscience, avec
armes et bagages !

Lombard fait mention ailleurs d'une autre « faiblesse » qu'il avait à se reprocher, celle-là toute
personnelle. Il avait conservé des relations avec
le théâtre Montansier, et « y brillait alors, dit-il,
de tout l'éclat dont Melpomène peut embellir un
favori ». Outre son *Banquier de Genève*, on repré-
sentait sur ce théâtre, pendant la Terreur, une

autre pièce de sa façon, encore mieux accommodée au goût du jour, une tragédie en trois actes et en vers libres, intitulée : *les Français dans l'Inde.* « C'était le grand inquisiteur de Goa qui violait une femme, qui rôtissait un homme et qu'on brûlait à son tour. » Pour un ancien élève des Pères de la Doctrine chrétienne, ce n'était pas trop mal ! Tout en convenant de bonne grâce que « depuis l'invention des rapsodies théâtrales il n'y en avait jamais eu de mieux conditionnée », on s'aperçoit que Lombard a peine à se défendre d'une certaine complaisance secrète à propos de cette rapsodie, « jouée sur tous les théâtres de la République », qui lui rapportait quelque chose ; qui surtout attestait son ardeur révolutionnaire. Notez bien que nous avons ici affaire à un homme d'esprit et de talent, très-susceptible de mouvements généreux, mais aussi n'ayant scrupule d'aucun artifice, d'aucun tour de passe-passe pour sauvegarder sa vie ; toujours prêt, non à mordre, mais à hurler avec les loups! Cette oblitération du sens moral est une des conséquences ordinaires et les plus désolantes des révolutions.

« Cependant les *mesures acerbes* prenaient chaque jour plus d'intensité. » Cette petite ville était

trop voisine de Joigny, de Sens, foyers ardents de
jacobinisme; *le feu la gagnait !* ·

Chargé d'activer ce feu dans le département de
l'Yonne, le conventionnel Maure l'avait particulièrement soigné dans sa ville natale. Pendant
l'hiver de 1794, cent soixante habitants d'Auxerre
furent arrêtés et fort inhumainement traités en
prison. Au printemps, Maure eut l'idée d'égayer
ses compatriotes, en organisant une petite fête
de la Terreur, dans laquelle la guillotine et ses
accessoires furent portés en procession (*Moniteur* du 20 prairial an ii). A Sens, il ne se contenta
pas d'envoyer des victimes au tribunal révolutionnaire de Paris ; il fit lui-même installer la guillotine et exécuter deux femmes, au commencement
de messidor an ii. A cette occasion, la Société révolutionnaire d'Auxerre, fière d'avoir, elle aussi,
sauvé la République, transmit aux Jacobins de
Paris un rapport que nous empruntons au *Moniteur*. C'est une pièce caractéristique, intéressante
à comparer avec la version de Lombard, que nous
reproduisons à la suite.

« La Société révolutionnaire de Sens rend
compte d'une scène sanglante dont la commune de

Vaudeurs a été le théâtre le 1ᵉʳ messidor [1]. Ce malheureux pays était devenu *une petite Vendée*. L'erreur, l'imposture, le crime, la scélératesse aristocratique et fanatique y avaient établi leur repaire. Cependant, grâce à l'énergie de nos braves frères d'armes, les monstres qui, dans cet antre infect, avaient conjuré la perte de la République, ou sont anéantis, ou vont subir incessamment le supplice qui attend tôt ou tard les contre-révolutionnaires. Malgré le nombre et la valeur de nos frères, cinq d'entre eux sont tombés sous le fer des brigands ; nous comptons dix-neuf blessés. Le citoyen Maure, représentant du peuple (c'était lui qui dictait cette correspondance), a donné dans cette circonstance, comme dans toutes les autres, des preuves de son ardent amour pour la patrie, de son rôle et de son *humanité*. Nous ne saurions trop nous louer du courage et de l'intrépidité de nos gardes nationaux. L'action a été chaude ; elle devait l'être, car ces vils brigands, voyant leur perte assurée, ne virent d'autre ressource que dans l'espoir *abominable* de vendre leur vie le plus chèrement qu'ils pourraient... » (Société des Jacobins, séance du 13 messidor an ii.)

Voici maintenant, d'après Lombard, ce que c'était que cette Vendée sénonaise.

« Maure avait fait planter la guillotine à Sens.

---

1. Vaudeurs, commune du canton de Ceriziers, entre Sens et Saint-Florentin. Cette région, encore très-boisée aujourd'hui, ressemble assez au *Bocage* vendéen.

Nous devions cet épouvantail au courage de deux frères, des protestants dont j'ai oublié le nom [1]. Réfugiés dans une ferme appelée *les Loges*, avec leur sœur, un domestique et une servante, ils y soutinrent un siège en règle. Tous deux étaient chasseurs ; ils avaient des armes et des munitions; contre la porte et les murs ils entassèrent des bûches et des fagots à hauteur d'appui. Ainsi retranchés, ils repoussèrent plusieurs attaques, tuèrent ou blessèrent bon nombre d'assaillants. Dans les intervalles des assauts, on les entendait prier et chanter des psaumes. (Ils étaient protestants). Quand leurs munitions furent épuisées, ils mirent eux-mêmes le feu aux fascines et se laissèrent consumer. Leur fidèle domestique avait péri avec eux, mais la sœur et la servante, qu'on trouva encore en vie, furent traînées et guillotinées à Sens [2]. »

Quelques semaines auparavant, une autre escouade jacobine était venue enlever, tout près de Villeneuve, Mégret de Sérilly, ex-trésorier géné-

---

1. Les frères Chapron. Il existe à Joigny des documents très curieux sur cette affaire, qui eut un grand retentissement et n'est pas encore oubliée dans le pays.

2. Il y eut à cette époque plusieurs exemples de ces résistances isolées contre la tyrannie jacobine. Dans le Calvados, un gentilhomme cultivateur décrété d'arestation tint à lui seul en échec, pendant plusieurs semaines, tous les frères et amis de son district. On était au moment d'envoyer du canon contre cet étrange honnête homme qui osait se défendre, quand intervint le 9 thermidor.

ral de la guerre, et sa femme, avec la veuve du
ministre Montmorin et son jeune fils, réfugiés
chez Sérilly, au château de Passy. Ils furent conduits à Paris avec plusieurs autres habitants du
district de Sens ; comparurent devant le tribunal
révolutionnaire le 10 mai, avec « Anne-Élisabeth
Capet, sœur du tyran, » et furent condamnés à
mort *comme ses complices*, ainsi qu'en fait foi le
quatrième numéro de la « Liste générale et très-
exacte des conspirateurs guillotinés », aimable
publication périodique du temps. Les « conspirateurs de l'Yonne » étaient au nombre de seize
(nos 919 à 935). Tous furent exécutés à la suite de
la vertueuse et infortunée sœur de Louis XVI,
sauf la jeune femme de Sérilly. Elle s'était éva-
nouie en entendant prononcer l'arrêt de mort.
Madame de Montmorin en profita pour la déclarer
enceinte. Heureusement on la crut sur parole, et
madame de Sérilly fut transportée dans la maison
de réclusion affectée aux condamnées dont l'exécution était ajournée pour cette cause. La fin de
la Terreur était proche ; elle arriva avant qu'on
eût découvert le généreux artifice de madame de
Montmorin, qui, condamnée elle-même et ne dési-
rant que mourir, avait dérobé, par sa présence

d'esprit héroïque, une autre victime à l'échafaud. Toutefois, le nom de celle-là avait figuré sur la liste fatale [1]. Les administrateurs de Sens la croyaient bien morte, quand elle leur apparut comme un spectre, après le 9 thermidor.

L'arrestation des Sérilly et des Montmorin fut un coup terrible pour leur intime ami, l'ancien commissaire ordonnateur Gau. Celui-ci, nous l'avons déjà dit, tâchait de se faire oublier, mais n'y réussissait pas à son gré. « Maure, notamment, ne le perdait pas de vue, et ne passait jamais par Villeneuve sans s'informer de ce qu'il faisait, de ce qu'il devenait. » Gau voyait fréquemment Lombard, mais avec un mystère qui importait à leur sûreté réciproque. Il fut convenu entre eux que Lombard viendrait, comme de lui-même, faire une perquisition chez lui à la tête du Comité révolutionnaire, dresser et transmettre à qui de droit procès-verbal des papiers qu'il *trouverait*. Mais ils n'avaient pas réfléchi qu'aux yeux de gens prévenus, une pareille démarche, aboutissant à un résultat des plus négatifs, pourrait bien autoriser des soupçons de connivence, et devenir ainsi plus

---

1. N° 934 de la *Liste* : Anne-Marie Thomas, femme Sérilly, âgée de 31 ans, née à Paris, demeurant à Passy.

dangereuse qu'utile. Cette appréhension leur vint aussitôt après la démarche en question, Maure ayant fait annoncer sa très-prochaine arrivée à Villeneuve. Cette nouvelle démoralisa tout à fait le pauvre Gau, qui, jusque-là, avait fait assez bonne contenance. Pour la première fois, il parla de chercher une autre retraite, et aurait voulu que Lombard lui fît viser un passeport par le Comité de surveillance. Mais il n'y avait plus moyen d'y songer avant la venue officiellement notifiée du redoutable proconsul.

Nous reproduisons intégralement le récit de l'entrevue de Maure avec Lombard. C'est peut-être le document le plus curieux qui nous ait été conservé sur l'histoire intime d'un temps dont certaines gens ont entrepris la réhabilitation, qu'ils voudraient nous faire admirer et regretter !

« Dans la force de l'âge, dit Lombard, l'existence me devenait à charge. J'avais depuis plusieurs mois des serrements de cœur, des étouffements continuels, insupportables. Chaque nuit, à la même heure, j'étais réveillé en sursaut par le fer de la guillotine qui séparait ma tête de mon corps. Ce supplice continuel me brûlait le sang. Dès le matin j'allais errer dans le vallon, vers les moulins de Cochepei. Mais j'avais beau marcher dans la rosée, aspirer le parfum des arbres en fleurs,

boire à toutes les sources, rien ne pouvait me
rafraîchir. Que la nature était belle ! que l'homme
était hideux !... Inexplicable contradiction ! tous
tendaient bravement la gorge à l'assassin, nul n'o-
sait prévenir l'assassinat : la France entière avait
le cauchemar...

« Maure arriva. Au lieu d'assembler le peuple
dans l'église, de convoquer la Société, il ne s'arrêta qu'une heure au Chapeau-Rouge, où il me fit
dire d'aller le trouver.

« Quand j'entrai, il était seul ; il était à table.
Son dîner ne fut pas celui d'un proconsul, car on
ne lui servit que deux plats, et son vin n'était pas
des meilleurs. Mais ce qui me surprit surtout, dans
une ville aussi peu turbulente que celle-là, ce fut
de voir quatre pistolets étalés sur la table où il
mangeait. Il entra en matière sur-le-champ :

« — Ta conduite, me dit-il, est une dérision ; tu
n'es qu'un aristocrate déguisé ! Ce qui le prouve,
c'est que tu as fui de Paris. Si tu n'avais rien à te
reprocher, tu ne te serais pas sauvé. — J'ai fui de
Paris, parce que la dénonciation d'un domestique
qui voulait me voler a failli me coûter la vie au
2 septembre ; j'ai fui de Paris parce que, après le
2 septembre, j'ai contrarié la motion d'un serrurier qui voulait s'emparer de la grille du Val-de-
Grâce, et qui promettait de s'en venger. Le citoyen
C...., aujourd'hui membre de la Commune de
Paris, attestera que je dis la vérité. — Cette expli-
cation détruit-elle le reproche d'aristocratie ? —
En quoi donc suis-je aristocrate? — Tu es étranger,

et tu as usurpé ici un pouvoir qui ne t'appartient
pas ; tu mènes la ville ! — Je ne mène point la
ville, je contribue à sa tranquillité, comme font
tous les bons citoyens. — Tu mènes la ville, te
dis-je, puisque tu es à la fois le président du club et
celui du comité révolutionnaire ! Tout individu
chassé d'une assemblée du peuple, d'un club, d'une
municipalité, doit être arrêté comme suspect. Vous
avez épuré votre Société, renvoyé des prêtres de la
municipalité, et personne n'est arrêté, personne !!
— Les prêtres se sont retirés d'eux-mêmes et
n'ont point été chassés. La Société populaire a été
épurée ; on n'en a retranché aucun membre, parce
qu'il ne s'est pas trouvé un citoyen *véreux* ; je n'ai
donc pu ordonner d'arrestations. — Et ce comte
d'O, que vous faites disparaître chaque fois que je
passe, sous prétexte de lui envoyer chercher de la
farine je ne sais où ? et cet Olibrius (le doyen de
Beaune) que vous avez été pêcher dans les bois, et
que pour plus de sûreté vous tenez hors de la ville
dans une cage à poulets ? Tiens, ne me fais pas
dire tout ce que j'ai sur le cœur ! je gagerais que
malgré son devoir, ton comité n'a pas fait une
seule visite domiciliaire ? — Tu te trompes. — Et
chez Gau, par exemple ? — Et chez Gau... Nous
avons même choisi un moment où il était absent
pour tomber chez lui. — Et vous avez trouvé ? —
Des papiers de famille, des calculs et des billets
doux. — Et des billets doux ! Et tout cela n'est pas
une dérision, n'est-ce pas ? Eh bien ! ce qui n'en
est pas une, c'est que toi et Gau devez être arrêtés.

— Pourquoi cela? — Par la raison que je viens de te donner ; par la raison que quiconque a été, pour cause d'incivisme, chassé d'une assemblée du peuple, est déclaré suspect et doit être mis en arrestation. Le peuple n'a-t-il pas été convoqué ici pour i'acceptation de la Constitution (de 93) ? — Oui. — Gau n'a-t-il pas été nommé par la municipalité ponr présider cette assemblée ? — Oui. — Gau et toi n'avez-vous pas été aussitôt chassés par le peuple comme des aristocrates ? Lé citoyen Vautrin n'a-t-il pas été nommé président à la place de Gau, et un autre patriote à la tienne ? Réponds-moi, est-il vrai que vous soyez l'un et l'autre dans le cas d'être arrêtés ? — J'en conviens. — Pis que cela : une chanson infâme a été faite : *Ventrebleu ! monsieur Vautrin !* où l'on traîne dans la boue le président de votre assemblée, la Constitution de 93 elle-même et le commissaire chargé de porter les votes à la Convention. Cette chanson a couru à Joigny ; de Joigny elle a gagné Auxerre. On y soupçonnait votre maire de l'avoir faite : sans un membre du département qui le connaît et qui a protesté de son incapacité en fait de couplets, il n'existerait peut-être plus à présent. Toi, on dit que tu es poëte, qu'on joue de tes pièces à Paris : qui a fait la chanson, si ce n'est toi? — Si tu le permets... — Je ne permets rien et ne veux rien savoir. Ce que je sais, c'est que la ville a l'esprit mauvais, qu'elle est d'un mauvais exemple et que je vais y mettre ordre. — Maure, ce n'est pas toi qui parles, car ce que tu dis ne ressemble en rien à ce que tu viens

de dire à Sens. — Et qu'est-ce que j'ai dit à Sens?
— Tu as dit aux Sénonais : « Vous êtes des mal-
« heureux ; au lieu de vous supporter les uns les
« autres, vous vous déchirez à belles dents. C'est
« à qui dénoncera son frère ; je ne sais auquel
« entendre ! Voyez près de vous ces gens de Vil-
« leneuve que vous traitez d'aristocrates ; j'aime
« cent fois mieux des aristocrates comme eux que
« des républicains comme vous ! Ils ne crient pas,
« ils s'entr'aident, et se tiennent tous comme des
« hannetons. » — J'ai dit cela? — Tu as dit cela
à Sens à la Société populaire, dans la tribune, il
n'y a pas huit jours. — Eh bien ! j'ai eu tort. —
Non, Maure, tu n'as pas eu tort !

« Il continua de manger, mais en rêvant. Il
sonna et demanda un verre; nous nous retrouvâmes
seuls. — Écoute ! reprit-il alors à voix basse, j'ai
un homme avec moi qui me gêne! Le comité de sûreté générale me l'a donné pour secrétaire, c'est
peut-être un surveillant. Il m'a parlé de toi, de ton
influence et du mauvais usage que tu en faisais.
J'ai laissé cet homme à Sens ; je me rends à
Auxerre, où il doit venir me rejoindre. Nous
repasserons ici sous dix jours et nous y resterons
quarante-huit heures ; *va-t'en, et que nous ne t'y
trouvions plus !*

« Je lui pris la main et la serrai. Il me versa du
vin, approcha son verre du mien, et je le quittai. »

Si coupable que Maure ait d'ailleurs été, on
comprend que celui auquel il avait donné un pa-

reil avertissement lui en ait gardé de la reconnaissance. Aussi, il essaye de nous attendrir quelque peu sur la fin de son sauveur, en racontant que Maure, fortement compromis après la chute de Robespierre dans l'insurrection jacobine de prairial an III, se brûla la cervelle après avoir écrit ces mots : « Je ne suis pas un méchant homme, je n'ai été qu'égaré. » Sa conduite avec Lombard et quelques autres traits de sa vie, semblent indiquer en effet qu'il n'était pas naturellement cruel. Il appartenait à la catégorie trop nombreuse de ceux qui se firent bourreaux pour n'être pas victimes. Il s'en est trouvé beaucoup de cette sorte pendant la Terreur, et la race n'en est pas perdue. Mais ceux qui font le mal par couardise ne sont guère plus intéressants que ceux qui ont agi par méchanceté naturelle ou fanatisme. Ces derniers même seraient plutôt moins méprisables.

Ce n'était pas la première fois que Lombard avait maille à partir avec ce secrétaire dont Maure était si fort gêné. Il ne désigne que par des initiales cet ancien ennemi, qui vivait encore à l'époque où parurent ces *Souvenirs*. C'était Gavaudan, de l'Opéra-Comique, mari d'une des plus gracieuses

cantatrices qui aient brillé sur cette scène au commencement du siècle. Gavaudan était lui-même
un artiste de quelque valeur, qui, comme Trial et
plusieurs autres, avait donné à plein collier dans
le jacobinisme le plus ardent. Nous ignorons quel
grief particulier il avait contre l'auteur du *Banquier de Genève;* mais, dès le mois de novembre 1793, Lombard était informé de bonne
source que Gavaudan l'avait signalé à Maure comme
un faux patriote, qu'il se proposait même de le
dénoncer directement aux Jacobins. Ce renseignement était d'autant plus sérieux, qu'en ce moment même Gavaudan quittait Auxerre pour Paris,
où le rappelait son service. Lombard jugea indispensable d'y faire immédiatement de son côté une
excursion qui n'était pas précisément une partie
de plaisir. Il avait dans le monde des comédiens
des relations intimes sur lesquelles il comptait
pour parer ce coup. Lombard ne perdit pas de
temps, et véritablement il n'y en avait pas à perdre.
Arrivé à Paris le 9 novembre, le même jour que
Gavaudan, il descendit chez un homme sur lequel
il pouvait compter, un autre comédien recom-
mandable... par l'exaltation de ses principes, et
membre de la terrible Société. Par lui il s'assura

que son ennemi n'avait pas encore agi aux Jacobins, et se fit inviter à un banquet patriotique,
qui devait avoir lieu au Palais-Égalité chez le fameux restaurateur Robert, à l'issue de la *belle
cérémonie* du lendemain. Cette belle cérémonie
était l'apostasie solennelle de l'évêque schisma-
tique de Paris, Gobel, et de son clergé, qui se fit
en effet dans la journée du 10, à la barre de la
Convention. Les instigateurs de cette démarche,
Chaumette, Hébert et consorts, étaient de ce banquet, ou plutôt de cette orgie, pendant laquelle
ils racontèrent que Gobel avait fait des façons,
qu'il avait fallu le menacer de la guillotine...
Cependant le comédien, ami de Lombard, l'avait
présenté et vanté à plusieurs patriotes influents.
Vers la fin du repas ils envoyèrent chercher Gavaudan, lequel n'était, suivant eux, qu'un *être ob-
scur*, et lui firent donner sa parole de considérer
désormais comme un ami l'auteur des *Français
dans l'Inde*; puis on trinqua ensemble à la santé
de la Nation [1].

---

1. Le restaurateur Robert, chez lequel se passait cette
scène, était alors à l'apogée de sa réputation, qui survécut
à la Terreur, malgré les terribles brèches que la guillotine
avait faites parmi ses habitués. Dans une des premières

Lombard était retourné à Villeneuve un peu rassuré. Toutefois il n'avait qu'une médiocre confiance dans cette paix plâtrée, sachant son ennemi très-capable de recommencer à le desservir, dès qu'il croirait pouvoir le faire impunément. Aussi fut-il moins étonné qu'effrayé de l'avertissement confidentiel de Maure, dont il s'empressa de profiter, en s'éloignant momentanément de Villeneuve.

Il voulut essayer du séjour de Langres, sa ville natale, où son père était directeur de la poste aux lettres. Depuis dix-huit mois, il ne recevait plus de ses nouvelles, et n'osait plus lui écrire. Il le retrouva en vie. mais destitué et consigné dans son domicile comme suspect; c'était alors en être quitte à bon marché. Langres, ville de huit à neuf mille âmes, singeait Paris avec un zèle infatigable. Les patriotes langrois avaient eu, comme ceux de Sens, le spectacle réconfortant d'une exécution capitale ; de plus, ils faisaient passer de temps à autre du gibier, comme dit Lombard, au tribunal de Paris. On trouve en effet, dans la *Liste*

---

pièces de Scribe, la *Demoiselle à marier*, l'un des personnages se vante d'avoir « un cuisinier. élève de Robert. »

des Guillotinés que nous avons déjà citée, plusieurs noms d'habitants de Langres, ecclésiastiques, militaires, anciens nobles des deux sexes,
cultivateurs... On y rencontre même (n° 2449)
un représentant de l'industrie à laquelle cette
ville doit surtout sa célébrité, un sieur Miel, cou-
telier, compris dans une des dernières et plus
nombreuses fournées, celle du 5 thermidor. Cet
artisan fut condamné et exécuté avec les princes
de Rohan et de Salm, le comte de Soyecourt,
Alexandre de Beauharnais, Gouy d'Arcy et quarante
autres accusés pris dans toutes les classes de la
société. Ils étaient, aux termes du verdict, « con-
vaincus d'avoir participé à la fameuse conspira-
tion dite *des prisons*, en tentant d'ouvrir la maison d'arrêt dite des Carmes, pour anéantir la
Convention et ses Comités. »

Dans tous les centres de population un peu
nombreux, aussi bien qu'à Paris, la situation se
tendait à tout rompre vers la fin de messidor an ii.
Le *moment physiologique* était arrivé ! A Langres, « les patriotes par excellence ayant entassé
les nobles, les prétendus nobles, les chanoines,
les parents d'émigrés, les avocats, les procureurs, »

dans l'ancien couvent des Ursulines, transformé en maison de réclusion ; n'ayant plus personne à déchirer, à incarcérer, s'incarcéraient et se déchiraient entre eux. C'était plaisir de les voir à l'œuvre ! Pendant ce temps, les reclus étaient heureusement oubliés ; on ne songeait plus à les emballer pour Paris. « Tout cela ne m'amusait guère, dit Lombard : je résolus, quoi qu'il pût en arriver, de regagner mon pauvre Villeneuve. » Cette résolution avait bien des inconvénients, ainsi qu'on a pu en juger ; mais l'on n'avait alors que le choix des périls. Lombard calcula d'ailleurs que son absence avait duré assez longtemps pour laisser passer la visite du proconsul et de son damné secrétaire. Mais il lui vint une bien autre inquiétude, celle d'être arrêté et retenu prisonnier, pour le moins, dans sa ville natale. Dès le lendemain de son arrivée, les propos allaient leur train ; quelques-uns des plus curieux ou des plus furieux de la « Jacobinière » demandaient d'où il venait, ce qu'il venait faire, disaient « qu'il faudrait éplucher cela ». Heureusement, Lombard avait des intelligences dans la place. Il paya d'audace et se fit présenter à la Société populaire, en arborant son titre de président du comité révolutionnaire de Villeneuve. Un compère rappela ses succès dramatiques et lui demanda, au nom de leurs concitoyens, quelques-une des tirades les plus corsées des *Français dans l'Inde,* qui furent accueillies avec des hurlements d'enthousiasme. Profitant de ce beau feu, Lombard se fit délivrer, le jour même, un passeport pour Villeneuve, où son prompt retour importait au salut de la République. « Dès le lendemain, dit-il, je sortis de ma ville natale,

> Fort satisfait d'ajouter,
> A l'honneur de l'avoir vue,
> Le plaisir de la quitter.

Il trouva la situation fort empirée à Villeneuve. On y était toujours sous le coup de la visite du proconsul, retardée par d'autres affaires. Pendant ce temps, les pseudo-jacobins, qui formaient la majorité du comité, n'ayant plus Lombard pour conseil, avaient recommencé à faire des bévues. Redoutant quelque mauvais tour d'un de leurs concitoyens, vrai jacobin celui-là, ils avaient trouvé ingénieux de prendre les devants, en le faisant incarcérer sous un prétexte futile. Maure en avait été promptement instruit, et, quand Lombard vint reprendre sa place parmi ses collègues, il les trouva atterrés d'un message fulminant du proconsul !...

Heureusement, ce jour-là même était le 9 thermidor.

On resta quarante-huit heures sans nouvelles de Paris. Ce manque de courriers sur une route aussi fréquentée était toujours le présage d'une nouvelle catastrophe. Enfin, le 11 , Gau entra pour la première fois en plein jour chez Lombard, tenant le *Moniteur*, qui annonçait l'exécution de Robespierre...

« La sécurité une fois rétablie, dit Lombard, que faire désormais à Villeneuve? Il n'y avait là d'eau à boire que pour les gens de rivière... Retourner dans ma famille jusqu'à ce que les affaires prissent plus de consistance me parut le parti le plus sage... » Pourtant ce ne fut pas sans émotion qu'il prit congé des honnêtes gens de cette petite ville, avec lesquels il avait vécu en communauté de périls pendant ces terribles jours. Ainsi souffrent de se séparer des marins échappés ensemble d'un naufrage.

Quand Lombard quitta définitivement Ville-

neuve, au commencement de la période dictato-
riale, le conseil général de la commune lui dé-
livra à l'unanimité un certificat attestant « que,
pendant ces dix-huit mois de résidence, le citoyen
Lombard, appelé à diverses fonctions publiques,
s'en était acquitté avec autant de zèle que d'humanité... ; avait mérité l'estime, l'amitié et la reconnaissance des habitants, qui le voyaient s'éloigner
à regret... »

Tour à tour magistrat et diplomate sous le
Directoire, Lombard resta sans emploi après
le 18 brumaire. La protection de Barras, qui lui
avait été fort utile, devenait naturellement un
titre d'exclusion. Lombard put donc se consacrer
tout entier à la littérature et à la plaidoirie. Il
improvisa, avec une déplorable facilité, de nouvelles pièces de théâtre, des poëmes, des romans
justement oubliés, même de son vivant. Il obtint plus de succès, comme avocat consultant, par
le Mémoire qu'il publia en 1816 pour Fauche
Borel contre Perlet. On sait que Fauche, ci-
devant libraire, né en Suisse mais d'origine française, conspirateur aussi infatigable que maladroit
en faveur des Bourbons, avait été joué et exploité
d'une manière infâme par Perlet, autre agent

royaliste affilié secrètement à la police impériale, et mangeant fort gloutonnement à deux râteliers. A l'époque de la Restauration. Perlet, pour se garantir des poursuites de Fauche, n'avait rien trouvé de mieux que d'essayer d'accuser son adversaire d'avoir joué le rôle qu'il avait joué lui-même, celui de double espion. Lombard démontra, avec autant de logique que de verve, l'innocence et la naïveté de son client, qui sortit de ce procès pleinement réhabilité. Malheureusement, ce triomphe ne rétablit pas les affaires du pauvre diable, qui s'était plus que ruiné pour les Bourbons, et n'en fut que très-imparfaitement secouru. Aussi, quelque temps après, il se tua de désespoir.

Le Mémoire de Lombard est encore intéressant à lire aujourd'hui, comme document historique sur les agissements royalistes pendant la période directoriale et le règne de Napoléon Ier. Ce travail, et les chapitres de ses *Souvenirs* relatifs à son séjour à Villeneuve pendant la Terreur et à sa mission diplomatique en Hollande pendant le Directoire, sont, à proprement parler, tout ce qui reste de lui.

Il mourut dans l'obscurité en 1830, ayant eu la douleur de survivre à ses enfants, notamment au fils qui lui était né à Villeneuve en 1794. « Le jour de sa naissance, toute la jeunesse de la ville et des environs partait pour la frontière ; les mères éclataient en sanglots. Trompé, comme tant d'autres, sur la durée de nos malheurs, je disais, en recevant mon Arsène : « Avant que tu sois en âge de porter les armes, la paix nous sera rendue... Dix—neuf ans plus tard (1813), il était le plus jeune capitaine de l'armée et mourait au champ d'honneur... »

Lombard eût tenu un rang distingué parmi les hommes de sa génération, si l'esprit de suite et le caractère avaient été chez lui à la hauteur des aptitudes naturelles. On trouve çà et là dans ses *Souvenirs* des aperçus d'une sagacité très-remarquable ; celui-ci notamment, auquel une récente catastrophe donne tout l'air d'une prophétie :

« Si les Furies vouent encore la France aux horreurs d'une République, ce qui est dans les choses possibles, *celle-ci sera fédérative, et Paris en cendres sera le premier exploit du monstre.* »

Ce réchappé de la Terreur, qui, à plus d'un demi-siècle de distance, en pleine Restauration, entrevoyait la Commune de 1871 et ses exploits, mérite de n'être pas tout à fait oublié.

TABLE.

DEUXIÈME PARTIE

ITALIE. — CAMPAGNE DE 1799.

TROISIÈME PARTIE

ITALIE (1800-1801).

APPENDICE.

1694. — ABBEVILLE. TYP. ET STÉR. GUSTAVE RETAUX.

www.ingramcontent.com/pod-product-compliance
Ingram Content Group UK Ltd.
Pitfield, Milton Keynes, MK11 3LW, UK
UKHW020723120726
13693UKWH00001B/131